# 中国居民收入与财富调查报告

## （2016 年）

中南财经政法大学中国收入分配研究中心　著

中国财经出版传媒集团

经济科学出版社
Economic Science Press

**图书在版编目（CIP）数据**

中国居民收入与财富调查报告.2016年／中南财经
政法大学中国收入分配研究中心著.—北京：经济科学
出版社，2017.4
　ISBN 978 - 7 - 5141 - 7919 - 4

　Ⅰ.①中… Ⅱ.①中… Ⅲ.①居民收入 - 调查报告 -
中国 - 2016 Ⅳ.①F126.2

中国版本图书馆 CIP 数据核字（2017）第 068071 号

责任编辑：白留杰　刘殿和
责任校对：王肖楠
责任印制：李　鹏

**中国居民收入与财富调查报告（2016 年）**
中南财经政法大学中国收入分配研究中心　著
经济科学出版社出版、发行　新华书店经销
社址：北京市海淀区阜成路甲 28 号　邮编：100142
教材分社电话：010 - 88191354　发行部电话：010 - 88191522
网址：www. esp. com. cn
电子邮件：bailiujie518@ 126. com
天猫网店：经济科学出版社旗舰店
网址：http://jjkxcbs. tmall. com
北京密兴印刷有限公司印装
710×1000　16 开　14 印张　240000 字
2017 年 4 月第 1 版　2017 年 4 月第 1 次印刷
ISBN 978 - 7 - 5141 - 7919 - 4　定价：42. 00 元
（图书出现印装问题，本社负责调换。电话：010 - 88191510）
（版权所有　侵权必究　举报电话：010 - 88191586
电子邮箱：dbts@esp. com. cn）

# 前　言

随着我国改革开放进程的加快、社会主义市场经济体制的建立和完善,我国居民收入和财富发生了巨大的改变。收入和财富的不断变化是适应生产力发展需要的表现,但是由于我国经济发展不均衡,收入财富分配机制尚不完善,居民收入分配的差距逐渐扩大,"富者越富,贫者越贫"的马太效应日趋明显,这就不可避免会产生一些严重的经济和社会问题,收入分配与经济的强相关关系以及它对经济的影响和作用已日益凸显出来。居民收入和财富积累与分配作为衡量贫富状况的尺度,对其进行分析具有深远的意义。

着眼于收入和财富的研究有利于对现实情况有更深入的了解,探寻其中可能的原因和机制,对提出相应的政策建议大有裨益。《中国居民收入与财富调查报告》是基于"中国居民收入与财富"调查数据所形成的研究报告,"中国居民收入与财富"调查是由中南财经政法大学中国收入分配研究中心开展的,中心主任杨灿明教授和中心孙群力教授主持了此项调查。2016年是国家"十三五"的开局之年,是对国家经济转型升级有重要意义的年份,鉴于此,中国收入分配研究中心将2016年作为"中国居民收入与财富"系列调查的开始年份,以后每年都会展开相关调查。此次调查覆盖全国27个省级单位,通过分层随机抽样的方法,在中南财经政法大学2013~2015年入学的本科生生源中选择目标区域开展调查。为了保质保量地完成此次调查,中心在抽样学生开展调查前,就入户调查的基本方法和调查数据的录入、整理和分析进行了多次集中学习和交流。不过依旧由于调查经验相对缺乏,人力物力有限,第一次调查发放8000份调查问卷,剔除变量缺失严重、回答错误,以及极端值较多的样本后得到有效样本2440份。相比于国内其他大型调查而言,本次调查所得到的有效样本相对较少,但是通过描述性分析,本次调查的样本还是基本上能够真实地反映我国收入与财富的基本状况。

《中国居民收入与财富调查报告》(2016年)一共包括七章内容,分别是家庭禀赋特征、家庭收入、家庭财富、家庭消费、就业、居民幸福感、社会热点问题评价，包含了与居民收入和财富相关的多个方面的调查。

第一章从性别、户籍、教育、健康和社会保障五个方面，对中国 2016 年居民的个人禀赋特征进行了分析，为准确认识中国劳动者状况提供了较新的数据支持。第二章主要根据 2016 年家庭收入与财富入户问卷调查数据，对家庭总收入、人均收入以及收入构成进行了分析，并根据户主的禀赋特征分析了不同群体的收入差距，在此基础上，度量了全国、城镇及农村的基尼系数，进一步分析了城乡之间、地区之间、行业之间和不同收入阶层的收入差距。第三章将家庭不同财富数量和构成作为研究家庭收入和财富分配状况的分析对象，从家庭的非金融资产、金融资产两大方面分别进行了详细的划分和描述。第四章分别从家庭日常消费支出，家庭非日常消费支出，家庭文娱、医疗及服务性消费支出，家庭消费特征，家庭消费行为，家庭消费观念六个方面对中国 2016 年家庭消费进行分析，为进一步认识中国居民家庭消费相关情况提供新的数据支持。第五章主要分析了当今的就业形势，包括就业状况、农业生产者的状况、个体或私人经营的状况、受雇于他人的状况、失业的状况。第六章进一步延伸了居民收入与财富分配研究，探索居民主观幸福感的现状，分析影响居民幸福感的一些因素，以及居民对生活各方面和政府工作的满意情况调查。第七章是社会热点问题评价板块，社会热点问题与社会大众的生活息息相关，是居民普遍关注的重要问题。这一章节，具体包括了对"三农"问题、政府行为、腐败、公平、阶层、教育和其他社会问题的评价，意在调查公众对这些问题的关注程度和不同收入水平的居民对这些问题及相关解决措施的评价。

中南财经政法大学中国收入分配研究中心

2017 年 1 月 10 日

# 目　　录

# 第一章

# 家庭禀赋特征

个人禀赋特征是劳动者的重要特征。在此部分中，将主要从基本特征、户口信息、教育程度、健康状况和社会保障、劳保福利状况这五个方面分别进行描述。

## 一、基本特征

在我们的调查中，男性劳动者和女性劳动者的比重分别为 51.35% 和 48.65%（见表 1 - 1）。在不同的地域范围内，这种相对比重较稳定。

表 1 - 1 　　　　　　　　　　男女劳动者的数量

| | 全部 | 东部 | 中部 | 西部 |
|---|---|---|---|---|
| 男性 | 1187 | 319 | 699 | 169 |
| 女性 | 1253 | 344 | 724 | 185 |

按照 10 年为一个区间，我们将劳动者的年龄划分为 6 个年龄段（见表 1 - 2）。就各年龄段而言，46 ~ 55 岁劳动者的数量占比为 38.34%，显著高于其他年龄段的劳动者。36 ~ 45 岁的劳动者和 15 ~ 25 岁的劳动者占比相对较低，比重分别为 23.07% 和 22.62%。56 岁以上劳动者的比重为 4.12%。

表 1 - 2                                      个体的年龄分布

| 年龄段 | 样本量 | 均值 | 标准差 | 最小值 | 最大值 |
|---|---|---|---|---|---|
| 15 ~ 25 | 560 | 21.927 | 1.554 | 16 | 25 |
| 26 ~ 35 | 293 | 29.720 | 2.750 | 26 | 35 |
| 36 ~ 45 | 571 | 42.848 | 2.379 | 36 | 45 |
| 46 ~ 55 | 949 | 48.791 | 2.412 | 46 | 55 |
| 56 ~ 65 | 54 | 59.759 | 2.920 | 56 | 65 |
| >65 | 48 | 71.417 | 4.252 | 66 | 82 |

　　2016 年，中国家庭规模主要以三口之家为主，在全部样本中的比重为 46.60%（见表 1 - 3）。四口之家的数量相对较少，占比为 27.80%。但是，这种特点存在较显著的户籍特征和区域特征。就户籍特征而言，非农业户口中三口之家显著高于四口之家的数量，而农业户口中四口之家为主。就区域特征而言，东部地区主要以四口之家为主，中西部地区主要以三口之家为主。此外，东部和中部地区三口之家和四口之家的数量差别较显著。

表 1 - 3                                      家庭规模

| 家庭规模 | 总计 | 农业户口 | 非农业户口 | 东部 | 中部 | 西部 |
|---|---|---|---|---|---|---|
| 1 | 17 | 3 | 11 | 3 | 11 | 2 |
| 2 | 102 | 19 | 52 | 19 | 52 | 21 |
| 3 | 1143 | 192 | 719 | 192 | 719 | 324 |
| 4 | 682 | 359 | 251 | 359 | 251 | 190 |
| >4 | 509 | 325 | 123 | 325 | 123 | 131 |

　　在我们的调查中，中共党员和共青团员个体的数量较为接近（见表 1 - 4）。即便按照三大地域划分，发现这种比例基本稳定。

表 1 - 4                                      政治身份

| 政治身份 | 总计 | 东部 | 中部 | 西部 |
|---|---|---|---|---|
| 中共党员 | 576 | 154 | 339 | 83 |
| 民主党派 | 14 | 5 | 6 | 3 |
| 共青团员 | 579 | 155 | 341 | 83 |
| 群众 | 1257 | 345 | 734 | 178 |

# 二、户口信息

在各种户口类型中，非农业户口和农业户口劳动者的占比分别为47.80%和37.23%，占全部样本的85.03%（见表1-5）。此外，具有居民户口的劳动者比重为14.48%。

表1-5　　　　　　　　　　　户口类型

| 户口类型 | 样本量 |
|---|---|
| 农业户口 | 905 |
| 非农业户口 | 1162 |
| 居民户口 | 352 |
| 军籍 | 8 |
| 没有户口 | 1 |
| 其他 | 3 |

如果进一步细分劳动者户口的获取方式，不难发现户口的流动性相对较低。生而具有目前户口类型的劳动者占比达到59.59%，意味着近60%的劳动者没有改变其户口的状态（见表1-6）。通过农转非、升学、工作、婚姻和购房获得非农业户口的劳动者比重为38.11%。因此，升学、工作和婚姻仍是目前中国居民获得非农业户口的主要途径。

表1-6　　　　　　　　　　　户口获取方式

| 方　式 | 样本量 |
|---|---|
| 自出生就是 | 1451 |
| 农转非 | 212 |
| 升学 | 196 |
| 工作 | 244 |
| 婚姻 | 179 |
| 购房 | 97 |
| 其他 | 56 |

在诸多农转非的原因中，上学和工作贡献程度分别为 47.24% 和 29.48%，显著高于其他类型的原因（见表 1-7）。这在一定程度上说明中国具有农业户口的居民改变自身户口类型的方式仍相对较少。

表 1-7　　　　　　　　　　农转非的原因

| 原因 | 样本量 |
| --- | --- |
| 上学 | 193 |
| 工作 | 120 |
| 土地被征用 | 11 |
| 购房 | 14 |
| 婚姻 | 14 |
| 其他 | 55 |

2016 年，劳动者的流动模式主要以市内流动为主，其次是跨省流动（见表 1-8）。这说明劳动者在区域间的规模迁徙正在被近距离的迁移替代。这种模式的改变，主要来自中部地区劳动者流动模式的转变。在西部地区，劳动者跨省流动仍较明显，说明经济因素是此区域内劳动者流动的决定性因素。

表 1-8　　　　　　　　　　流动范围

| | 样本量 | 东部 | 中部 | 西部 |
| --- | --- | --- | --- | --- |
| 跨省流动 | 185 | 47 | 104 | 34 |
| 省内流动 | 148 | 67 | 91 | 20 |
| 市内流动 | 211 | 60 | 122 | 29 |
| 不清楚 | 21 | 5 | 11 | 5 |

目前，中国劳动者的流动时间极化较明显。流动时间少于 5 年的劳动者占比为 34.83%，其次是流动时间在 20 年以上的劳动者，占比为 26.22%（见表 1-9）。这说明中国劳动者迁移时间较短，说明无论是主观还是客观层面上，劳动者融入劳动力输入地的情况并不乐观。结合表 1-6 中农转非的主要原因，我们不难推断出户籍制度是限制劳动力长期流动甚至融入劳动力输入地的主要障碍。

表1-9　　　　　　　　　　　　流动时间

|  | 样本量 |
|---|---|
| <5 年 | 186 |
| 6~9 年 | 91 |
| 10~14 年 | 55 |
| 15~19 年 | 62 |
| >19 年 | 140 |

# 三、教育程度

2016 年的调查中，具有大学本科学历的劳动者占比为 38.06%，显著高于具有其他学历层次的劳动者，说明中国劳动者的技能水平在不断提升。具有初中、高中和大专学历的劳动者占比分别为 16.30%、14.35% 和 14.31%。

就区域特征而言，东部地区中具有大学本科学历的劳动者显著高于其他学历层次的劳动者，说明既定学历的劳动者存在显著的地域选择效应。这种现象在中部并没有那么明显，具有大学本科学历的劳动者仅是具有高中学历劳动者数量的 2 倍。导致这种现象的原因，一方面是因为中部地区是西部地区劳动者流动的首选区域，另一方面在于中部地区劳动者向东部地区流动的成本太高而难以实现，导致不同学历水平的劳动者集中于中部地区。

就具有高中以上学历的劳动者而言，他们大部分毕业于县级及其他重点中学，较少来自于地区（市、区）级重点中学或全国或省级重点中学（见表1-10）。需要说明的是，这部分劳动者毕业于中专、中技、职高的数量高于全国或省级重点中学的数量，说明劳动者的培养主要以技能导向型为主。在不同的地域中，这种情形基本类似。

表1-10　　　　　　　　　　高中以上学历毕业学校类型

|  | 样本量 | 东部 | 中部 | 西部 |
|---|---|---|---|---|
| 全国或省级重点中学 | 259 | 93 | 134 | 32 |
| 地区（市、区）级重点中学 | 385 | 11 | 211 | 63 |
| 县级及其他重点中学 | 517 | 136 | 315 | 66 |
| 非重点中学 | 394 | 102 | 239 | 53 |
| 中专、中技、职高 | 276 | 67 | 162 | 47 |
| 其他学校 | 79 | 30 | 39 | 10 |

具有大学以上学历的劳动者主要毕业于公立普通高校，显著高于"211"非"985"院校（见表 1-11）。在东部地区，毕业于公立普通高校的劳动者数量显著高于其他类型的劳动者。在中部，毕业于公立普通高校、"211 工程"非"985 工程"院校和成人教育的劳动者数量差别并不大。这也在一定程度上显示东部地区劳动者的学历层次稍高于中部和西部地区。

**表 1-11**　　　　　　　　　　大学以上学历毕业学校类型

| | 样本量 | 东部 | 中部 | 西部 |
|---|---|---|---|---|
| "985 工程"院校 | 102 | 41 | 51 | 10 |
| "211 工程"非"985 工程"院校 | 379 | 97 | 224 | 58 |
| 其他公立普通高校 | 588 | 183 | 315 | 90 |
| 独立学院 | 39 | 15 | 19 | 5 |
| 民办高校 | 34 | 7 | 24 | 3 |
| 成人教育 | 263 | 62 | 160 | 41 |
| 国外院校 | 3 | 0 | 1 | 2 |

在调查的样本中，我们就劳动者配偶的学历水平进行分析。可以发现，劳动者配偶的学历水平主要集中于大学本科（24.15%）、初中（19.95%）、大专（15.08%）和高中（14.92%）。这种配偶学历的分布状态和劳动者自身的学历分布基本类似。这说明劳动者更偏好选择学历水平和自身类似的配偶。

# 四、健康状况

2016 年，劳动者对自身的健康评价较好，73.07% 的劳动者认为自己"比较健康"或"很健康"。认为自身健康水平一般的劳动者比重为 23.03%，仅有 3.6% 的劳动者认为自己不健康（见表 1-12）。

**表 1-12**　　　　　　　　　　健康的主观评价

| | 样本量 | 东部 | 中部 | 西部 |
|---|---|---|---|---|
| 很健康 | 598 | 200 | 318 | 80 |
| 比较健康 | 1166 | 316 | 694 | 156 |
| 一般 | 556 | 123 | 337 | 96 |
| 不健康 | 87 | 12 | 60 | 15 |
| 非常不健康 | 7 | 2 | 4 | 1 |

这种劳动者健康的主观评价也存在较显著的区域特征。在东部地区，认为自己"比较健康"或"很健康"的劳动者占比达79.02%，显著高于中部（71.62%）和西部地区（67.82%）。这种劳动者对自身健康评价的区域差异，也在一定程度上反映了经济发展水平、生活方式和评价参照系差异对健康的影响程度。

# 五、社会保障、劳保福利状况

2016年，参加城镇职工基本医疗保险、公费医疗或统筹、（城镇）居民基本医疗保险、新型农村合作医疗保险、商业医疗保险、其他医疗保险和没有参加任何医疗保险的劳动者比重分别为16.02%、22.35%、18.39%、17.93%、22.56%、1.54%和1.20%（见表1-13）。不难发现，参加商业医疗保险和公费医疗或统筹的劳动者数量最多。

表1-13　　　　　　　　　医疗保险参与状况

| | 是 | 否 |
|---|---|---|
| 城镇职工基本医疗保险 | 1536 | 939 |
| 公费医疗或统筹 | 2143 | 332 |
| （城镇）居民基本医疗保险 | 1763 | 712 |
| 新型农村合作医疗保险 | 1719 | 756 |
| 商业医疗保险 | 2163 | 312 |
| 其他医疗保险 | 148 | 2327 |
| 没有参加任何医疗保险 | 115 | 2360 |

就最低生活保障或社会救济参与状况而言，情况并不乐观。"没有任何低保或社会救济"的劳动者占比为83.69%（见表1-14）。

表1-14　　　　　　　　最低生活保障或社会救济参与状况

| | 是 | 否 |
|---|---|---|
| 农村最低生活保障 | 102 | 2373 |
| 城镇最低生活保障 | 153 | 2322 |
| 五保供养 | 80 | 2395 |
| 其他社会救济 | 57 | 2418 |
| 没有任何低保或社会救济 | 2011 | 464 |

就养老保险的参与情况而言，2016年参加城镇职工基本养老保险、城镇灵活就业人员养老保险、（城镇）居民社会养老保险、新型农村社会养老保险、企业年金、商业养老保险、其他和没有参加任何养老保险的劳动者比重分别为36.10%、3.06%、10.50%、12.28%、5.23%、4.66%、2.06%和26.09%（见表1-15）。绝大部分劳动者的养老保险参与水平相对较低。

表1-15 养老保险参与状况

|  | 是 | 否 |
| --- | --- | --- |
| 城镇职工基本养老保险 | 1014 | 1461 |
| 城镇灵活就业人员养老保险 | 86 | 2389 |
| （城镇）居民社会养老保险 | 295 | 2180 |
| 新型农村社会养老保险 | 345 | 2130 |
| 企业年金 | 147 | 2328 |
| 商业养老保险 | 131 | 2344 |
| 其他 | 58 | 2417 |
| 没有参加任何养老保险 | 733 | 1742 |

在没有参加城镇职工基本养老保险或城镇灵活就业人员养老保险的劳动这种，"其他原因"的占比达到45.09%，"不知道能参加"或"自己不想参加"的劳动者占比分别为22.38%和22.06%（见表1-16）。

表1-16 没有参加城镇职工基本养老保险或城镇灵活就业人员养老保险的原因

|  | 样本量 |
| --- | --- |
| 不知道能参加 | 554 |
| 雇主/单位不给办理 | 191 |
| 参加过，又退出了 | 68 |
| 自己不想参加 | 546 |
| 其他 | 1116 |

就已经参加养老保险的劳动者而言，仅有4.53%的劳动者明确表示会退出，21.33%的劳动者处于观望态度（见表1-17）。

表 1－17　　　　　　　　　已参加的养老保险是否打算退出

|  | 样本量 |
|---|---|
| 是 | 112 |
| 否 | 1835 |
| 不清楚 | 528 |

在准备退出养老保险的劳动者群体中，认为"缴费太高"的劳动者占全部劳动者的4.28%（见表1－18）。此外，3.88%的劳动者认为"缴费年限太长"。因此，养老保险在某种程度上加重了部分劳动者的负担这一现象需要引起一定的关注。

表 1－18　　　　　　　　　打算退出养老保险的原因

|  | 是 | 否 |
|---|---|---|
| 缴费太高 | 106 | 2369 |
| 缴费年限太长 | 96 | 2379 |
| 转移、接续的手续太麻烦 | 45 | 2430 |
| 担心最终领不到 | 60 | 2415 |
| 觉得对养老没有帮助 | 46 | 2429 |
| 急需现金 | 33 | 2442 |
| 其他 | 100 | 2375 |

# 六、本章小结

本章从性别、户籍、教育、健康和社会保障五个方面，对中国2016年居民的个人禀赋特征进行了分析，为准确认识中国劳动者状况提供了较新的数据支持。

总体而言，目前中国的家庭规模仍是三口之家为主，农业户籍的家庭规模比非农业户籍家庭规模稍大。如果劳动者希望改变自身的农业户籍状态，那么2016年这种改变的机会有40%，其中升学、工作和婚姻仍是目前中国居民获得非农业户口的主要途径。

随着经济的发展，劳动者的流动模式开始由省际流动转变为市内流动，在一定程度上显示中国区域经济开始出现一定的收敛。需要说明的是，这也与劳动者技能水平的不断提升有关。即便如此，中国劳动者流动的时间仍以 5 年以内为主，反映了他们经济地位的改善并不能带来身份的真正的转变。

就健康状况而言，大部分劳动者的自我评价良好，显示劳动者的工作环境和自我健康的重视程度均在改善。为了更好地保障个体健康，参加商业医疗保险和公费医疗或统筹的劳动者数量开始增加。不过，劳动者在主观层面认为养老保险增加了个体负担的事实需要引起一定的重视。

# 第二章

# 家庭收入分析

　　收入分配问题是当今社会发展中的重点、难点和热点问题，也是重大的政治和经济问题，更是摆在决策层面前的重大议题，受到了社会各界的高度关注。随着中国经济的高速发展，中国居民收入不断提高。国家统计局 2015 年数据显示，1978 年国民总收入为 3650.2 亿元，2014 年这一数值达到 634043.4 亿元，平均增速为 9.7%。城镇居民人均可支配收入从 1978 年的 343 元增长到 2014 年的 29381 元，年均实际增速为 7.4%，而农村居民人均纯收入从 134 元增长到 9892 元，年均实际增速为 7.6%[①]。

　　在本章中，主要根据我们在 2016 年夏季家庭收入与财富入户问卷调查数据，对家庭总收入、人均收入以及收入构成进行了分析，并根据户主的禀赋特征分析了不同群体的收入差距，在此基础上，度量了全国、城镇及农村的基尼系数，进一步分析了城乡之间、地区之间、行业之间和不同收入阶层的收入差距。

## 一、家庭收入及收入来源分析

### （一）家庭总收入

　　家庭总收入包括家庭工资薪金收入、经营性收入、财产性收入和转移性收入。如图 2－1 所示，我国家庭户均总收入为 110891 元，收入中位数为 73000 元。分城乡看，城镇家庭户均总收入为 132540 元，收入中位数为 90500 元；农

---

　　① 《中国统计年鉴（2015）》，中华人民共和国统计局。

村家庭户均总收入为74270元，收入中位数为50700元。

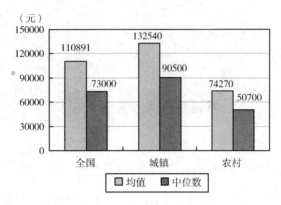

图2-1　家庭总收入

　　家庭人均收入的统计结果表明，全国家庭人均收入32024元，收入中位数为20167元，其中：城镇家庭人均收入39959元，收入中位数为27000元；农村家庭人均收入18602元，收入中位数为12750元。

　　如图2-2所示，从户主年龄来看，户主为"60后"的家庭户均收入最高，为122566元；户主为"50后"家庭户均收入最低，为71082元；户主为"70后""80后"的家庭户均收入逐步递增，"80后"家庭达到117166元，仅次于"60后"家庭。

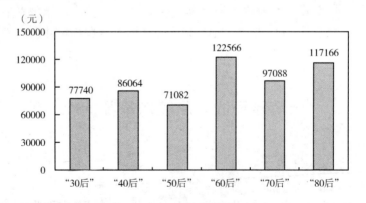

图2-2　户主年龄与家庭户均收入

　　如图2-3所示，从学历来看，随着户主学历的提高，家庭户均收入呈上升趋势。户主未上过学的家庭收入最低，为63341元，户主学历为中专（包括职高和技校）的家庭收入上升到105594元，户主学历为大专、大学本科的家庭分别为 118808 元和 127894 元；户主学历为研究生的家庭收入最高，为 150268 元。

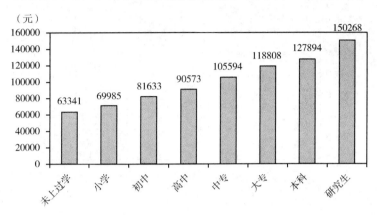

**图 2 - 3　户主学历与家庭户均收入**

如图 2 - 4 所示，从职业来看，户主为国家机关、党群组织、企事业单位负责人的家庭收入最高，为 128464 元；户主为专业技术人员的家庭收入次之，为 122268 元；户主为办事人员及有关人员的家庭收入也达到 10 万元以上；户主为农、林、牧、渔及水利生产人员的家庭收入最低，仅为 59454 元。

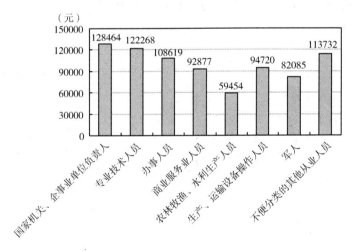

**图 2 - 4　户主职业与家庭户均收入**

如图 2 - 5 所示，从行业来看，不同行业的家庭户均收入差异较大。户主就职于金融业的家庭总收入最高，为 160308 元，其次为教育业 121374 元，制造业、建筑业、公共管理和社会组织家庭户均收入均达到 10 万元以上，农林牧渔业家庭户均收入最低，为 56102 元，仅为金融业家庭收入的 1/3。

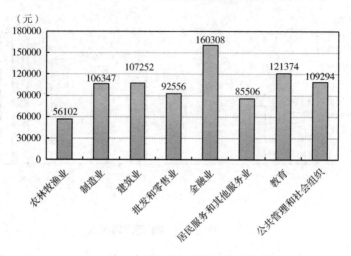

**图 2 - 5　户主行业与家庭户均收入**

如图 2 - 6 所示，从所有制来看，户主为私营控股企业员工的家庭收入最高，为 121817 元，其次为党政机关人员家庭，达到 120179 元；户主为国有独资企业、国有控股企业和事业单位人员的家庭均达到 10 万元以上；户主为个体单位人员的家庭户均收入最低，为 87412 元。

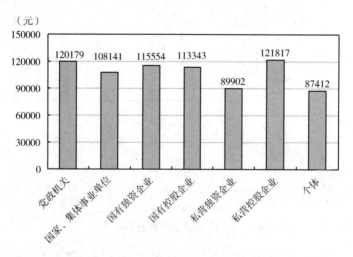

**图 2 - 6　户主单位所有制与家庭户均收入**

如图 2 - 7 所示，从职称来看，户主为技术员的家庭户均收入最低，为

88852 元，户主为初级职称的家庭户均收入比上一组高出 9631 元，为 98483 元；户主为中级职称的家庭比户主为初级职称的家庭收入多 21269 元，为 119752 元；户主为高级职称的家庭户均收入最高，达到 141354 元。随着户主职称的提高，家庭收入增加，增长幅度呈逐步扩大趋势。

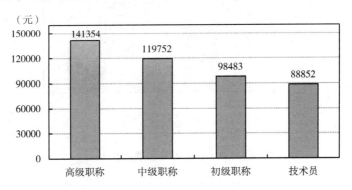

**图 2-7　户主职称与家庭户均收入**

如图 2-8 所示，从政治面貌来看，户主为中共党员的家庭收入均值 120286 元，收入中位数 91000 元，与户主为民主党派家庭和户主为群众的家庭相比，收入均值分别高出 4179 元和 20943 元。

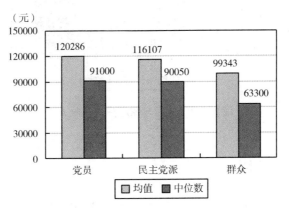

**图 2-8　户主政治面貌与家庭户均收入**

如图 2-9 所示，从民族来看，户主为汉族的家庭户均收入为 113120 元，收入中位数为 75500 元，远高于户主为少数民族家庭的 89724 元和 55000 元。

如图 2-10 所示，分地区来看，我国沿海地区和内陆地区家庭户均收入分别为 134458 元和 98198 元，收入中位数分别为 90000 元和 70000 元，沿海地区家庭收入明显高于内陆地区。

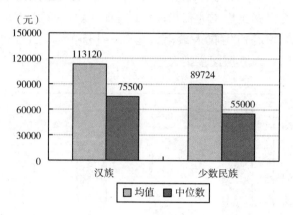

图2-9　户主民族和家庭收入

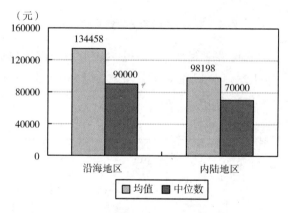

图2-10　地区与家庭户均总收入

## （二）总收入结构

表2-1统计了家庭总收入的构成。全国家庭户均收入为110890.7元，其中：工资薪金收入、经营性收入、财产性收入和转移性收入分别为64303.2元、19112.1元、17843.7元和9631.8元，占家庭总收入的比重依次为58%、17.2%、16.1%和8.7%。可见，家庭总收入中贡献最大的是工资性薪金收入，占总收入比重的一半以上，其次是经营性收入和财产性收入，转移性收入所占比重最低，仅为8.7%。

第二章　家庭收入分析

表 2-1　　　　　　　　　　家庭总收入构成

| 收入构成 | 全国 | | 城镇 | | 农村 | |
|---|---|---|---|---|---|---|
| | 均值（元） | 占比（%） | 均值（元） | 占比（%） | 均值（元） | 占比（%） |
| 工资薪金收入 | 64303.2 | 58.0 | 76797.2 | 57.9 | 43169.2 | 58.1 |
| 经营性收入 | 19112.1 | 17.2 | 20341.4 | 15.3 | 17032.8 | 22.9 |
| 财产性收入 | 17843.7 | 16.1 | 23432.7 | 17.7 | 8389.8 | 11.3 |
| 转移性收入 | 9631.8 | 8.7 | 11969.1 | 9.0 | 5678.2 | 7.6 |
| 家庭总收入 | 110890.7 | 100.0 | 132540.3 | 100.0 | 74269.9 | 100.0 |

分城乡看，工资薪金收入方面，城镇家庭为76797.2元，占城镇家庭平均收入的比重为57.9%，农村家庭为43169.2元，占农村家庭平均收入的比重为58.1%。经营性收入方面，城镇家庭为20341.4元，占比15.3%，农村家庭为17032.8元，占比22.9%，比城镇家庭高7.6个百分点，可见增加农村家庭经营性收入有利于缩小城乡收入差距。财产性收入方面，城镇家庭为23432.7元，占比17.7%，明显高于农村家庭的8389.8元和11.3%，说明财产性收入是城镇家庭收入的重要来源。转移性收入方面，城镇家庭为119691元，占比9%，分别高于农村家庭的5678.2元和7.6%。可见提高农村家庭的财产性、转移性收入在缩小城乡收入差距方面大有可为。

将家庭户均总收入按由高到低进行排序，并按户数将其分为五组，表 2-2 和表 2-3 显示了低收入、较低收入、中等收入、较高收入、高收入家庭的总收入、收入来源及其占比。数据显示，低收入组家庭户均收入18734元，其财产性收入占比为5.8%，比重在各收入组中最低；较低收入组家庭户均收入44185元，其财产性收入占比为7.8%；中等收入组家庭户均收入73783元，其工资薪金收入占比为69.9%，在各收入组中比重最高；较高收入组家庭户均收入115355元，财产性收入占比为10.1%；高收入组家庭户均收入293085元，其工资薪金收入占比在各收入组中是最低的，为50.3%，其经营性收入和财产性收入占比均为各收入组中最高，分别为19.2%和22.2%。

表 2-2　　　　　　　不同收入组的家庭收入　　　　　　单位：元

| 收入构成 | 低收入组 | 较低收入组 | 中等收入组 | 较高收入组 | 高收入组 |
|---|---|---|---|---|---|
| 家庭总收入 | 18734 | 44185 | 73783 | 115355 | 293085 |
| 工资薪金收入 | 12894 | 28359 | 51604 | 77088 | 147329 |
| 经营性收入 | 4160 | 8282 | 9108 | 15852 | 56325 |
| 财产性收入 | -83 | 3426 | 6683 | 11687 | 64978 |
| 转移性收入 | 1763 | 4118 | 6388 | 10727 | 24452 |

表 2 – 3 不同收入组的家庭收入结构占比 单位:%

| 收入构成 | 低收入组 | 较低收入组 | 中等收入组 | 较高收入组 | 高收入组 |
|---|---|---|---|---|---|
| 家庭总收入 | 100.0 | 100.0 | 100.0 | 100.0 | 100.0 |
| 工资薪金收入 | 65.8 | 64.2 | 69.9 | 66.8 | 50.3 |
| 经营性收入 | 19.1 | 18.7 | 12.3 | 13.7 | 19.2 |
| 财产性收入 | 5.8 | 7.8 | 9.1 | 10.1 | 22.2 |
| 转移性收入 | 9.3 | 9.3 | 8.7 | 9.3 | 8.3 |

进一步分析城镇家庭不同收入阶层的收入分布，同样，将城镇家庭户均总收入由高到低进行排序，并按户数将其分为五组，如图 2 – 11 所示。其中，收入最低的 20% 的家庭的户均收入为 22468 元，其收入占全部家庭收入的比重仅为 3.4%；较低收入组户均家庭收入为 56829 元，占全部家庭收入的比重为 8.6%。较高收入组家庭户均收入为 139055 元，占全部家庭收入的比重 20.9%；收入最高的 20% 的家庭的户均收入为 355200 元，占全部家庭收入的比重为 53.5%。在城镇，收入最高的 20% 家庭的户均收入是收入最低的 20% 家庭的户均收入的 15.81 倍。

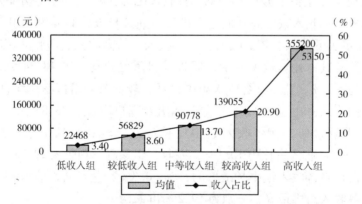

图 2 – 11 城镇家庭不同收入阶层的收入及其占比

农村家庭不同收入阶层五等分户均收入分布如图 2 – 12 所示，其中，收入最低的 20% 的家庭户均收入为 15858 元，占全部家庭收入的比重仅为 4.3%；较低收入组户均家庭收入为 33821 元，占全部家庭收入的比重为 9.1%。较高收入组家庭户均收入为 83778 元，占全部家庭收入的比重为 22.5%；收入最高的 20% 的家庭户均收入为 187784 元，占全部家庭收入的比重为 50.4%。在农村，收入最高的 20% 家庭的户均收入是收入最低的 20% 家庭的户均收入的 11.84 倍。

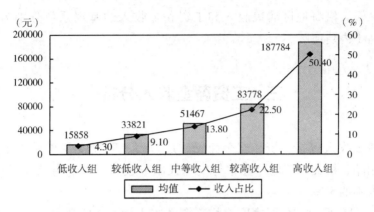

**图2-12　农村家庭不同收入阶层的收入及其占比**

# 二、收入差距

基尼系数是衡量居民收入差距的常用指标，该系数越大，收入差距也就越大。如图2-13所示，全国家庭人均总收入和工资薪金收入基尼系数分别为0.51和0.48，均已远远超过0.4的国际警戒线，表明我国居民收入差距较大。

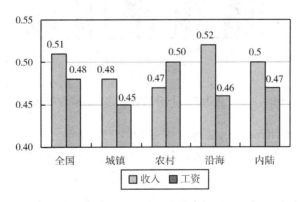

**图2-13　全国居民收入基尼系数**

分城乡看，城镇居民收入基尼系数0.48，其中：工资薪金基尼系数为0.45。农村居民收入基尼系数为0.47，其中：工资薪金基尼系数为0.5。总体而言，农村居民收入差距小于城镇居民，但工资薪金收入差距大于城镇居民。

分地区看，沿海地区居民收入和工资薪金收入的基尼系数分别为 0.52 和 0.46，略高于内陆地区。

# 三、工资薪金收入分析

工资薪金收入包括工资、奖金津贴、过节费、购物卡等税后货币性收入，不包括日用品、粮油、旅游、住宿等实物或服务收入。本节内容仅涉及工资薪金收入不为零的家庭。

如图 2 - 14 所示，我国家庭户均工资性收入为 64303.2 元，收入中位数为 50000 元。其中：城镇家庭户均 76797.2 元，收入中位数为 70000 元；农村家庭户均 43169.2 元，收入中位数为 30000 元，分别比城镇家庭低 33628 元和 40000 元。

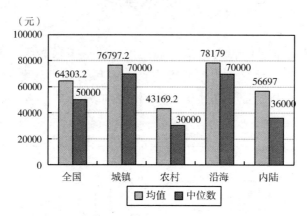

图 2 - 14 全国城乡与分地区家庭工资薪金收入

分地区看，我国沿海和内陆地区家庭户均工资薪金收入分别为 78179 元和 56697 元，收入中位数分别为 70000 元和 36000 元，沿海地区家庭工资薪金收入显著高于内陆地区。

如图 2 - 15 所示，从户主学历来看，随着户主学历①的提高，家庭工资薪金收入总体逐步提升。户主没有上过学的家庭工资薪金最低，仅为 32000 元；户主学历为硕士的家庭工资薪金收入最高，达到 103802.8 元。

———————————

① 这里的中专包括职高和技校。

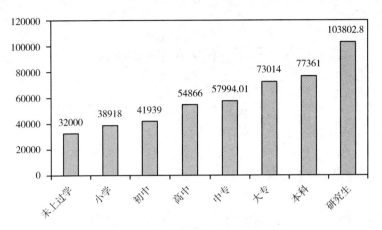

**图 2 - 15　户主学历与家庭工资薪金收入**

# 四、经营性收入及构成分析

经营性收入是指家庭通过经常性的生产经营活动取得的净收益，即生产经营毛收入扣除生产经营费用、生产性固定资产折旧、生产过程中所交的各种税费、所得税等成本及税费后的净收入。

如表 2 - 4 所示，就全国而言，家庭第三产业经营性收入为 11361 元，占经营性总收入的比重为 59.4%，第一、第二产业比重基本持平。分城乡看，城镇家庭经营性收入为 20341 元，比农村多 3308 元，其中：城镇家庭第三产业收入为 14837 元，比农村家庭多 9357 元，但城镇家庭第一、第二产业分别为 1810 元和 3694 元，分别低于农村家庭 5720 元和 329 元。分地区看，沿海和内陆地区家庭经营性收入分别为 22372 元、17609 元，沿海地区家庭第一产业收入与内陆地区基本持平，但第二、第三产业明显高于内陆地区。

**表 2 - 4　　　　　　　　家庭户均经营性收入概况**　　　　　　　　单位：元

| 分行业 | 全国 | 城镇 | 农村 | 沿海 | 内陆 |
|---|---|---|---|---|---|
| 总计 | 19112 | 20341 | 17033 | 22372 | 17609 |
| 第一产业 | 3935 | 1810 | 7530 | 3988 | 3871 |
| 第二产业 | 3816 | 3694 | 4023 | 5200 | 3118 |
| 第三产业 | 11361 | 14837 | 5480 | 13183 | 10620 |

# 五、财产性收入及构成分析

财产性收入主要包括房屋租赁收入、利息净收入、有价证券红利和股息收入、土地经营权租金净收入、财产租赁收入等。

## （一）财产性收入水平

如图2-16所示，全国家庭财产性收入均值为17844元。分城乡看，城镇和农村家庭财产性收入均值分别为23433元和8390元，城镇为农村的2.8倍，表明农村财产性收入相对较低。分地区看，我国沿海和内陆家庭财产性收入均值分别为24500元和14200元，内陆地区家庭财产性收入偏低。

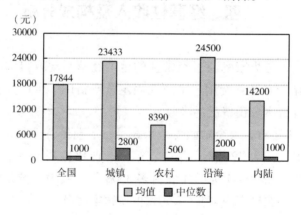

图2-16 家庭户均财产性收入概况

## （二）财产性收入结构

如表2-5所示，全国家庭财产性收入中，银行存款、债券和借款等利息净收入及房屋租赁收入分别为6348元和5056元，占财产性收入的比重分别为35.6%和28.3%，是财产性收入的主要来源。分城乡看，城镇家庭房屋租赁收入为8045元，占财产性收入比重最高，为34.3%，而农村家庭房屋租赁收入为零；城镇家庭银行存款、债券和借款等利息净收入为7860元，占财产性收入的比重为33.5%，比农村家庭高4071元；城镇家庭股票等有价证券红利和股息收入为2613元，占城镇家庭财产性收入的比重为11.1%，而农村家庭仅为85元，其占比仅为1%。

表 2 - 5　　　　　　　　　　　城乡家庭财产性收入结构

| 财产性收入构成 | 全国 | | 城镇 | | 农村 | |
|---|---|---|---|---|---|---|
| | 均值（元） | 占比（%） | 均值（元） | 占比（%） | 均值（元） | 占比（%） |
| 房屋租赁收入 | 5056 | 28.3 | 8045 | 34.3 | 0 | 0.0 |
| 利息净收入 | 6348 | 35.6 | 7860 | 33.5 | 3789 | 45.2 |
| 红利和股息收入 | 1673 | 9.4 | 2613 | 11.1 | 85 | 1.0 |
| 土地经营权租金净收入 | 169 | 0.9 | 0 | 0.0 | 456 | 5.4 |
| 其他财产租赁收入 | 1136 | 6.4 | 1582 | 6.8 | 383 | 4.6 |
| 其他财产性收入 | 3461 | 19.4 | 3332 | 14.2 | 3677 | 43.8 |
| 总计 | 17844 | 100 | 23433 | 100 | 8390 | 100 |

如表 2 - 6 所示，分地区看，沿海地区家庭户均房屋租赁收入为8391元，占财产性收入的比重为34.2%，对财产性收入的贡献最大。内陆地区家庭银行存款、债券和借款等利息净收入占财产性收入的比重为44.2%，是财产性收入最主要的来源。沿海地区家庭股票等有价证券红利和股息收入为3661元，占比为14.9%，远高于该项收入在内陆地区所占比例。反映出沿海地区家庭更加注重投资股票等有价证券，而内陆地区家庭金融活动还主要停留在银行存款、债券、借款等传统渠道。

表 2 - 6　　　　　　　　　　　分区域家庭财产性收入结构

| 财产性收入构成 | 沿海 | | 内陆 | |
|---|---|---|---|---|
| | 均值（元） | 占比（%） | 均值（元） | 占比（%） |
| 房屋租赁收入 | 8391 | 34.2 | 3305 | 23.3 |
| 利息净收入 | 6627 | 27.0 | 6272 | 44.2 |
| 红利和股息收入 | 3661 | 14.9 | 593 | 4.2 |
| 土地经营权租金净收入 | 196 | 0.8 | 158 | 1.1 |
| 其他财产租赁收入 | 2474 | 10.1 | 376 | 2.6 |
| 其他财产性收入 | 3150 | 12.9 | 3495 | 24.6 |
| 总计 | 24500 | 100 | 14200 | 100 |

# 六、转移性收入及构成分析

转移性收入是指国家、单位、社会团体对居民家庭的各种转移支付和居民家庭间的收入转移，主要分为财政转移性收入和非财政转移性收入。财政性转移支付包括家庭领取的养老金和离退休金、社会救济和补助收入、政策性生活补贴、报销的医疗费、失业救济金、剩余津贴、工伤补助、提取的住房公积金等；非财政性转移支付包括家庭得到的捐赠收入、赡养收入、赔偿收入等。

## （一）转移性收入水平

如图2-17所示，全国家庭户均转移性收入为9632元，收入中位数位1500元。分城乡看，城镇家庭户均转移性收入为11969元，收入中位数为2000元；农村家庭户均转移性收入为5678元，仅为城镇家庭的47%，收入中位数为1500元，也低于城镇家庭。分地区看，沿海和内陆地区家庭户均转移性收入分别为9408元和9692元。

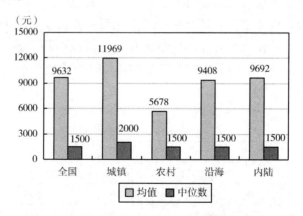

图2-17 全国城乡与分区域家庭转移性收入

## （二）转移性收入结构

如表2-7所示，全国家庭户均转移性收入为9632元，其中，财政转移性收入为 8281 元，占转移性收入的比重为 86%；非财政转移性收入为 1351 元，占比为 14%。分城乡看，城镇财政转移性收入为 10527 元，占城镇家庭财产性收入的比重为 88%，高出农村 9.1 个百分点。

表 2 - 7　　　　　　　　　　　城乡家庭转移性收入结构

| 收入类别 | 全国 | | 城镇 | | 农村 | |
|---|---|---|---|---|---|---|
| | 均值（元） | 占比（%） | 均值（元） | 占比（%） | 均值（元） | 占比（%） |
| 转移性收入 | 9632 | 100 | 11969 | 100 | 5678 | 100 |
| 财政转移性收入 | 8281 | 86.0 | 10527 | 88.0 | 4482 | 78.9 |
| 非财政转移性收入 | 1351 | 14.0 | 1442 | 12.0 | 1196 | 21.1 |

如表 2 - 8 所示，分区域看，沿海和内陆地区家庭财政转移性收入占转移性收入的比重分别为 91.4% 和 82.9%，比内陆地区高 8.5 个百分点。

表 2 - 8　　　　　　　　　　　各区域家庭转移性收入结构

| 收入类别 | 沿海 | | 内陆 | |
|---|---|---|---|---|
| | 均值（元） | 占比（%） | 均值（元） | 占比（%） |
| 转移性收入 | 9408 | 100 | 9692 | 100 |
| 财政转移性收入 | 8600 | 91.4 | 8037 | 82.9 |
| 非财政转移性收入 | 808 | 8.6 | 1654 | 17.1 |

表 2 - 9 统计了城乡财政转移性收入的结构。从全国来看，家庭户均提取的公积金 2665 元，占财政转移性收入的比重为 32.2%；养老金或离休金收入 1953 元，占比 23.6%；医疗费、其他财政转移性收入占比也分别达到 18.4% 和 18.3%。分城乡看，城镇家庭户均提取的住房公积金 3667 元，占比 34.8%，远远高于农村的 970 元和 21.7%；城镇家庭户均养老金或离休金为 2510 元，占比为 23.8%，高于农村的 1011 元和 22.6%，可见养老金政策差异导致的收入差距仍然存在。城镇家庭报销医疗费为 1779 元，虽然金额大于农村家庭，但占比为 16.9%，比农村低 7.7 个百分点。农村家庭社会救济和补助收入、工伤补助的金额和占比均高于城镇水平，但因总量较小，难以弥补由养老金、住房公积金差异形成的城乡财政转移性收入差距。

表2-9                        城乡财政转移性收入结构

| 收入类别 | 全国 | | 城镇 | | 农村 | |
|---|---|---|---|---|---|---|
| | 均值（元） | 占比（%） | 均值（元） | 占比（%） | 均值（元） | 占比（%） |
| 财政转移性收入 | 8281 | 100 | 10527 | 100 | 4482 | 100 |
| 养老金或离休金 | 1953 | 23.6 | 2510 | 23.8 | 1011 | 22.6 |
| 社会救济和补助 | 234 | 2.8 | 169 | 1.6 | 345 | 7.7 |
| 政策性生活补贴 | 181 | 2.2 | 192 | 1.8 | 161 | 3.6 |
| 报销的医疗费 | 1528 | 18.4 | 1779 | 16.9 | 1103 | 24.6 |
| 失业救济金 | 34 | 0.4 | 40 | 0.4 | 25 | 0.6 |
| 生育津贴 | 113 | 1.4 | 160 | 1.5 | 35 | 0.8 |
| 工伤补助 | 55 | 0.7 | 9 | 0.1 | 132 | 2.9 |
| 提取的住房公积金 | 2665 | 32.2 | 3667 | 34.8 | 970 | 21.7 |
| 其他财政转移性收入 | 1518 | 18.3 | 2002 | 19.0 | 700 | 15.6 |

# 七、本章小结

本章的要点总结如下：

1. 我国居民收入差距较大，家庭人均总收入和工资薪金收入的基尼系数均分别为0.51和0.48，均超过国际上0.4的警戒线。

2. 我国居民家庭收入在城乡、不同年龄、不同学历、不同行业、不同所有制、不同政治面貌、不同职称、不同民族和不同地区之间存在显著差异，如：城镇家庭收入高于农村；户主学历越高，家庭收入越高；户主职称越高，家庭收入越高；户主为国家机关党群组织工作人员和专业技术人员的家庭收入高于其他职业家庭；户主为金融、教育等行业家庭收入高于其他行业家庭；户主为私营控股企业员工的家庭收入高于国有独资、控股企业家庭；户主政治身份为共产党员的家庭收入高于民主党派和群众的家庭；汉族家庭收入高于少数民族家庭；沿海地区家庭收入高于内陆地区家庭。

3. 收入两极分化比较严重。就城镇而言，收入最低的20%家庭占全部家庭收入的比重为3.4%，收入最高的20%家庭占全部家庭收入的比重为53.5%；就农村而言，收入最低的20%家庭占全部家庭收入的比重为4.3%，收入最高的20%家庭占全部家庭收入的比重为50.4%。城乡收入最高的20%的家庭的户均收入分别是收入最低的20%家庭的户均收入15.81倍和11.84倍。

4. 在家庭总收入的构成中，工资薪金收入是家庭收入的最主要来源，其次为经营性收入和财产性收入。家庭总收入越高，工资薪金收入占家庭总收入的比重越低，但经营性收入和财产性收入比重越高。

5. 就工资薪金收入而言，城市家庭高于农村家庭，沿海地区家庭高于内陆地区家庭；户主学历越高，工资薪金收入越高。

6. 就经营性收入而言，城镇家庭第三产业经营收入高于第一、第二产业，农村家庭第一产业经营收入高于第二、第三产业。

7. 就财产性收入而言，利息净收入和房屋租赁收入是主要组成部分，但在城乡之间，沿海、内陆之间存在显著差别。

8. 就转移性收入而言，财政转移性收入是主要来源。城镇家庭财政转移性收入占转移性收入的比重高于农村家庭；沿海地区家庭财政转移性收入占转移性收入的比重高于内陆地区家庭；城镇家庭的财政转移性收入主要来源于养老金和离休金，而农村家庭的财政转移性收入主要来源于报销的医疗费。

# 第三章

# 家庭财富

家庭财富是家庭最重要的特征之一，是研究家庭收入和财富分配状况的分析对象。我们在此部分中，将从家庭的非金融资产、金融资产两个方面分别进行描述。

## 一、非金融资产

### （一）生产经营性资产

1. 生产经营性资产价值。由图 3-1 可知，从户主学历来看，户主学历为本科的家庭生产经营性资产平均价值最高，户主未上过学的家庭次之，户主为高中学历的家庭生产经营性资产平均价值排第三位，第四位是户主为初中学历的

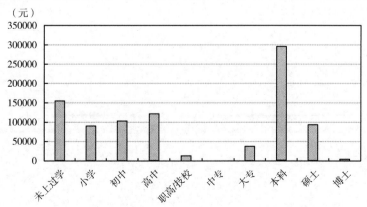

图 3-1　教育程度与生产经营性资产平均价值

家庭,第五位是户主为硕士学历的家庭,第六位是户主为小学的家庭,而户主是博士的家庭生产经营性资产平均价值最低。由此可知,户主学历与家庭生产经营性资产平均价值不存在单调关系。

由表3-1可知,从城乡来看,户主为农村户籍的家庭生产性经营资产平均价值是全国家庭的54.38%,城镇家庭生产经营性资产平均价值是全国家庭的127.22%,而农村家庭生产经营性资产平均价值只有城镇家庭的42.75%,由此可见,城镇家庭生产经营性资产远高于农村家庭。分地区来看,东部地区家庭生产经营性资产平均价值占全国平均的138.35%,远远高于中部和西部家庭,而西部地区家庭生产性经营资产平均价值只有全国平均的77.24%。

表3-1  按区位划分的生产经营性资产情况

| 区位 | 生产性经营资产平均价值(万元) | 占全国的比值(%) |
|---|---|---|
| 全国 | 20.39 | 100.00 |
| 农村 | 11.09 | 54.38 |
| 城镇 | 25.94 | 127.22 |
| 东部 | 28.21 | 138.35 |
| 中部 | 18.56 | 91.03 |
| 西部 | 15.75 | 77.24 |

注:东部地区包括北京、天津、河北、辽宁、上海、江苏、浙江、福建、山东、广东和海南等11个省(市);中部地区包括山西、吉林、黑龙江、安徽、江西、河南、湖北、湖南等8个省(区);西部地区包括四川、贵州、云南、西藏、陕西、甘肃、青海、宁夏、新疆、重庆、内蒙古、广西等12个省(区)。

2. 生产经营性项目个数。由表3-2可知,就全国而言,家庭生产经营性项目平均为0.512个,农村家庭生产经营项目平均个数是0.682个,而城镇家庭生产经营项目平均个数为0.409个,低于农村家庭生产经营项目平均个数。就东中、西地区而言,东部地区、中部地区和西部地区家庭生产经营项目平均数呈递减趋势,但是相差不大。

表3-2  按区域划分的生产经营性项目个数

| 区域 | 家庭生产经营性项目平均个数 | 占全国平均的比值(%) |
|---|---|---|
| 全国 | 0.512 | 100 |
| 农村 | 0.682 | 133 |
| 城镇 | 0.409 | 80 |
| 东部 | 0.539 | 105 |
| 中部 | 0.5055 | 99 |
| 西部 | 0.491 | 96 |

3. 生产经营项目所属行业。由表 3 - 3 可知，27.20% 的家庭生产经营项目属于农林牧渔业，是占比最高的行业。11.45% 的家庭生产经营项目属于批发和零售业，是占比第二高的行业。接下来占比较高的行业依次为制造业、教育行业、居民服务和其他行业、建筑业，占比分别为 9.21%、7.66%、7.38% 和 7.31%。占比最低的几个行业为国际组织、科学研究技术服务和地质勘查业、信息传输计算机服务和软件业、水利环境和公共设施管理业，占比分别为 0、0.42%、0.84% 和 0.91%，均低于 1% 水平。

表 3 - 3 　　　　　　　　　　家庭生产经营项目所属行业占比

| 行　业 | 占比（%） |
| --- | --- |
| 农林牧渔业 | 27.20 |
| 采矿业 | 1.55 |
| 制造业 | 9.21 |
| 电力、燃气及水的生产和供应业 | 1.62 |
| 建筑业 | 7.31 |
| 交通运输、仓储和邮政业 | 4.64 |
| 信息传输、计算机服务和软件业 | 0.84 |
| 批发和零售业 | 11.45 |
| 住宿和餐饮业 | 4.01 |
| 金融业 | 4.15 |
| 房地产业 | 1.62 |
| 租赁和商务服务业 | 2.67 |
| 科学研究、技术服务和地质勘查业 | 0.42 |
| 水利、环境和公共设施管理业 | 0.91 |
| 居民服务和其他服务业 | 7.38 |
| 教育 | 7.66 |
| 卫生、社会保障和社会福利业 | 2.11 |
| 文化、体育和娱乐业 | 2.60 |
| 公共管理和社会组织 | 2.67 |
| 国际组织 | 0 |

## （二）房产（建筑物）

1. 家庭居住房产的产权。由表 3 - 4 可知，在全国家庭中，88.2% 的家庭表示家庭成员拥有完全产权，其中城镇家庭占56.2%，农村家庭占比为32.0%。在全国家庭中，4.1%的家庭表示家庭成员拥有部分产权，其中城镇家庭占2.9%，农村家庭占1.2%。在全国家庭中，2.5%的家庭表示在市场上租的商品房。由此可见，关于家庭居住产权归属家庭成员拥有完全产权最为普遍，而且城镇家庭占比高于农村家庭。

表3－4　　　　　　　　　家庭居住房产产权归属情况　　　　　　　　单位:%

| 产权所有情况 | 全国 | 城镇 | 农村 |
|---|---|---|---|
| 家庭成员拥有完全产权 | 88.2 | 56.2 | 32.0 |
| 家庭成员拥有部分产权 | 4.1 | 2.9 | 1.2 |
| 公房（单位提供的房子） | 1.4 | 1.2 | 0.2 |
| 廉租房 | 1.3 | 0.7 | 0.6 |
| 公租房 | 0.9 | 0.6 | 0.3 |
| 市场上租的商品房 | 2.5 | 1.4 | 1.1 |
| 亲戚、朋友的房子 | 1.1 | 0.6 | 0.5 |
| 其他 | 0.5 | 0.1 | 0.4 |

2. 家庭居住房产市价。由表3－5可知，在全国家庭中，32%的家庭表示居住房产市价在50万～100万元，其中城镇家庭占22.0%，农村家庭占10.0%。在全国家庭中，23%的家庭表示居住房市场价值在20万～50万元，其中城镇家庭占18%，农村家庭占5%。在全国家庭中，15.6%的家庭表示居住房市场价值在10万～20万元，11.1%家庭表示居住房市场价值在100万～200万元。由此可见关于家庭居住房产市价在50万～100万元最为普遍，而且城镇家庭占比高于农村家庭。

表3－5　　　　　　　　　家庭居住房产市价情况　　　　　　　　　单位:%

| 居住房产市价情况 | 全国 | 城镇 | 农村 |
|---|---|---|---|
| 5万元以下 | 6.3 | 2.0 | 4.3 |
| 5万～10万元 | 7.8 | 2.5 | 5.3 |
| 10万～20万元 | 15.6 | 6.5 | 9.1 |
| 20万～50万元 | 23.0 | 18.0 | 5.0 |
| 50万～100万元 | 32.0 | 22.0 | 10.0 |
| 100万～200万元 | 11.1 | 9.4 | 1.7 |
| 200万～500万元 | 3.1 | 2.7 | 0.4 |
| 500万元以上 | 1.1 | 1.0 | 0.1 |

3. 家庭居住房产按揭贷款情况。由表 3 - 6 可知，在全国家庭中，85.1% 的家庭表示居住房产是按揭贷款的，其中城镇家庭占 73.3%，而农村家庭占 11.9%。在全国家庭中，14.9% 家庭表示居住房产不是按揭贷款，其中城镇家庭占 11.3%，农村家庭占 3.6%。由此可见关于家庭居住房产大部分是按揭贷款的，而且城镇家庭占比远高于农村家庭。

表 3 - 6 家庭居住房产按揭贷款情况 单位:%

| 居住房产按揭贷款情况 | 全国 | 城镇 | 农村 |
|---|---|---|---|
| 是 | 85.1 | 73.2 | 11.9 |
| 否 | 14.9 | 11.3 | 3.6 |

4. 家庭居住房产贷款归还情况。由表 3 - 7 可知，在全国家庭中，45.2% 的家庭表示家庭居住房产尚未还清的贷款在 10 万 ~ 20 万元，18.8% 的家庭表示在 5 万 ~ 10 万元，16.1% 的家庭表示在 5 万元以下，14.4% 的家庭表示在 20 万 ~ 50 万元。由此可见家庭居住房产尚未还清的贷款在 10 万 ~ 20 万元最为普遍，而且城镇家庭占比高于农村家庭。

表 3 - 7 家庭居住房产贷款归还情况 单位:%

| 家庭居住房产尚未还清的贷款 | 全国 | 城镇 | 农村 |
|---|---|---|---|
| 5 万元以下 | 16.1 | 12.0 | 4.1 |
| 5 万 ~ 10 万元 | 18.8 | 13.3 | 5.5 |
| 10 万 ~ 20 万元 | 45.2 | 38.4 | 6.8 |
| 20 万 ~ 50 万元 | 14.4 | 12.3 | 2.1 |
| 50 万 ~ 100 万元 | 4.6 | 3 - 3 | 1.3 |
| 100 万 ~ 200 万元 | 0.8 | 0.8 | 0.0 |
| 200 万元以上 | 0 | 0 | 0 |

5. 家庭居住房产资金其他来源渠道（除贷款外）。由表 3 - 8 可知，在全国家庭中，78.4% 的家庭表示除贷款外家庭居住房产资金不存在其他来源渠道，21.6% 的家庭表示存在其他来源渠道。由此可见关于除贷款外绝大部分家庭居住房产资金不存在其他来源渠道。

表3-8　　　　家庭居住房产资金是否存在其他来源渠道（除贷款外）　　　　单位:%

| 家庭居住房产资金是否存在其他来源渠道（除贷款外） | 全国 | 城镇 | 农村 |
|---|---|---|---|
| 是 | 21.6 | 12.0 | 9.6 |
| 否 | 78.4 | 51.8 | 26.6 |

6. 其他房产市场总价。由表3-9可知，从城乡来看，户主为城镇家庭其他房产市场总价平均值是全国家庭的108.37%，农村户籍的家庭其他房产市场总价平均值是全国家庭的61.80%，由此可见，城镇家庭其他房产市场总价远高于农村家庭。分地区来看，东部地区家庭其他房产市场总价平均值占全国平均的167.04%，而中部和西部家庭其他房产市场总价平均值远远不及全国平均水平，由此可见东部地区和中西部地区房产价值存在着明显的区域差距。

表3-9　　　　　　　按区位划分的家庭其他房产市场总价情况

| 区位 | 家庭其他房产市场总价平均值（元） | 占全国的比值（%） |
|---|---|---|
| 全国 | 1013784.90 | 100.00 |
| 城镇 | 1108641.03 | 108.37 |
| 农村 | 626515.96 | 61.80 |
| 东部 | 1693440.00 | 167.04 |
| 中部 | 702208.17 | 69.27 |
| 西部 | 586703.30 | 57.87 |

如图3-2所示，从户主年龄看，年龄在46~60周岁的户主家庭其他房产市场总价平均值最高，16~30周岁、31~45周岁的家庭其他房产市场总价平均值

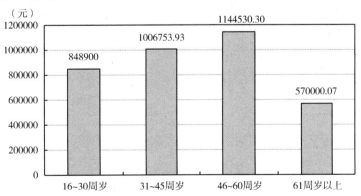

图3-2　户主年龄和家庭其他房产市场总价平均值

依次为 1006753.93 元和 848900 元，而年龄在 61 周岁以上的户主家庭其他房产市场总价平均值远低于其他年龄层的户主，为 570000.07 元。

## （三）交通工具

1. 家庭交通工具拥有情况。由表 3-10 可知，在全国家庭中，46.3% 的家庭表示拥有汽车，35.8% 家庭表示拥有电动自行车，25.6% 的家庭表示拥有摩托车。其中，拥有汽车的城镇家庭占全国家庭数的 35.4%，拥有摩托车的农村家庭占全国家庭数的 15.7%，由此可见，城镇家庭拥有汽车最为普遍，而农村家庭拥有摩托车的最多。

**表 3-10**　　　　　　　　　家庭交通工具拥有情况　　　　　　　单位:%

| 家庭交通工具拥有情况 | 全国 | 城镇 | 农村 |
|---|---|---|---|
| 汽车 | 46.3 | 35.4 | 10.9 |
| 电动自行车 | 35.8 | 21.0 | 14.8 |
| 摩托车 | 25.6 | 9.9 | 15.7 |
| 以上都没有 | 17.7 | 12.8 | 4.9 |

2. 家庭交通工具总价值。由表 3-11 可知，从城乡来看，户主为城镇家庭交通工具总价平均值是全国家庭的 125%，农村户籍的家庭交通工具总价平均值仅是全国家庭的 59.70%，由此可见，城镇家庭交通工具总价远高于农村家庭。分地区来看，东部地区家庭交通工具总价平均值占全国平均的 138.64%，而中部和西部家庭交通工具总价平均值分别为全国平均水平的 87.79% 和 82.89%。

**表 3-11**　　　　　　　按区位划分的家庭交通工具总价值

| 区位 | 家庭交通工具总价平均值（元） | 占全国的比值（%） |
|---|---|---|
| 全国 | 94592.54 | 100.00 |
| 城镇 | 118240.59 | 125.00 |
| 农村 | 56471.37 | 59.70 |
| 东部 | 131144.66 | 138.64 |
| 中部 | 83045.19 | 87.79 |
| 西部 | 78403.63 | 82.89 |

如图 3-3 所示，从户主年龄看，年龄在 16~30 周岁的户主家庭交通工具总价平均值最高，达到了 101949.53 元。46~60 周岁、31~45 周岁的家庭交通工具总价平均值依次为 99485.46 元和 85789.81 元，而年龄在 61 周岁以上的户主家庭交通工具总价平均值远低于其他年龄层的户主，仅为 53072.73 元。

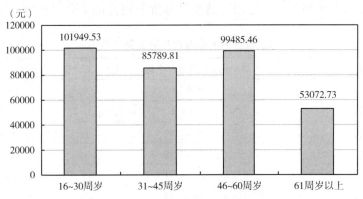

**图 3-3　户主年龄和家庭交通工具总价平均值**

3. 家庭耐用消费品（不包括交通工具）拥有情况。由表 3-12 可知，在全国家庭中，90.10% 的家庭表示拥有电视机，89.2% 的家庭表示拥有电冰箱、冰柜，87.4% 家庭表示拥有洗衣机，87.1% 的家庭表示拥有手机，拥有家用计算机和空调的家庭分别为 75.8% 和 68.0%。由此可见，大部分家庭拥有日常家用电器和通信设备。

表 3-12　　　　　　　　　　家庭耐用消费品拥有情况　　　　　　　　单位:%

| 家庭耐用消费品拥有情况 | 全国 |
|---|---|
| 电冰箱、冰柜 | 89.2 |
| 洗衣机 | 87.4 |
| 电视机 | 90.1 |
| 家用计算机 | 75.8 |
| 组合音响 | 20.8 |
| 摄像机 | 14.3 |
| 照相机 | 37.4 |
| 空调 | 68.0 |
| 手机 | 87.1 |
| 其他耐用消费品 | 22.5 |
| 以上均没有 | 2.9 |

4. 家庭耐用消费品总价值。由表 3－13 可知，从城乡来看，城镇家庭耐用消费品总价平均值是全国家庭的 121.99%，农村户籍的家庭耐用消费品总价平均值仅是全国家庭的 61.89%，由此可见，城镇家庭耐用消费品总价远高于农村家庭。分地区来看，东部地区家庭耐用消费品总价平均值占全国平均的 135.78%，而中部和西部家庭耐用消费品总价平均值低于全国平均水平。

表 3－13　　　　　　　　按区位划分的家庭耐用消费品总价值

| 区位 | 家庭耐用消费品总价平均值（元） | 占全国的比值（%） |
|---|---|---|
| 全国 | 39583.92 | 100.00 |
| 城镇 | 48288.65 | 121.99 |
| 农村 | 24497.86 | 61.89 |
| 东部 | 53745.16 | 135.78 |
| 中部 | 34226.71 | 86.47 |
| 西部 | 35130.75 | 88.75 |

如图 3－4 所示，从户主年龄看，年龄在 46～60 周岁的户主家庭耐用消费品总价平均值最高，为 43471.71 元 16～30 周岁、31～45 周岁的家庭耐用消费品总价平均值依次为 41396.34 元和 35471.35 元，而年龄在 61 周岁以上的户主家庭耐用消费品总价平均值远低于其他年龄层的户主，仅为 23725.86 元。

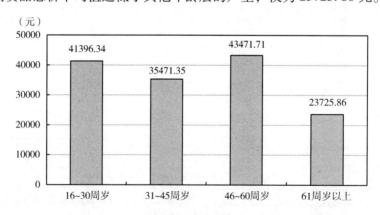

图 3－4　户主年龄和家庭耐用消费品总价平均值

5. 家庭贵重物品拥有情况。由表 3－14 可知，在全国家庭中，76% 的家庭表示没有表中列举的贵重物品，16.1% 家庭表示拥有珠宝、玉石和贵重金属（如黄金等），4.7% 的家庭表示拥有高档家具。由此可见大多数的家庭没有表中列举的贵重物品。

表 3 – 14　　　　　　　　　　家庭贵重物品拥有情况　　　　　　　　单位:%

| 家庭贵重物品拥有情况 | 全国 | 城镇 | 农村 |
|---|---|---|---|
| 高档家具 | 4.7 | 3.4 | 1.3 |
| 高档乐器 | 3.4 | 3.0 | 0.4 |
| 昂贵的装饰物品、瓷器 | 1.9 | 1.5 | 0.4 |
| 珠宝、玉石和贵重金属（如黄金等） | 16.1 | 11.8 | 4.3 |
| 古董、字画及其他艺术品 | 2.5 | 2.1 | 0.4 |
| 以上都没有 | 76.0 | 46.4 | 29.6 |

6. 家庭贵重物品总价值。由表 3 – 15 可知，从城乡来看，城镇家庭贵重物品总价平均值是全国家庭的 120.80%，农村户籍的家庭贵重物品总价平均值仅是全国家庭的 45.47%，由此可见，城镇家庭贵重物品总价远高于农村家庭。分地区来看，东部地区家庭贵重物品总价平均值是全国平均的 238.22%，而中部和西部家庭贵重物品总价平均值远远不及全国平均水平。由此可见，家庭持有的贵重物品总价值存在着明显的区域差距。

表 3 – 15　　　　　　　　按区位划分的家庭贵重物品总价值

| 区位 | 家庭贵重物品总价平均值（元） | 占全国的比值（%） |
|---|---|---|
| 全国 | 186926.57 | 100.00 |
| 城镇 | 225801.96 | 120.80 |
| 农村 | 84993.47 | 45.47 |
| 东部 | 445296.66 | 238.22 |
| 中部 | 75311.48 | 40.29 |
| 西部 | 42903.11 | 22.95 |

# 二、金融资产

## （一）现金及存款

1. 现金。由表 3 – 16 可知，从城乡来看，户主是农村户籍的家中常备现金是全国的 41.40%，而城镇居民是 133.40%，由此可见，城镇居民比农村居民更偏于日常备用现金。分地区来看，中部家庭的日常备用现金略高于西部家庭。而东部居民常备现金数是全国的247.91%，远远高于中部和西部家庭。这说明地区经济发达程度可能跟家庭常备现金数存在正向关系。

表 3 - 16　　　　　　　　　　按区位划分的家庭常备现金情况

| 区位 | 随身携带及家里现金（元） | 占全国的比值（%） |
|---|---|---|
| 全国 | 16608.78 | 100.00 |
| 农村 | 6875.54 | 41.40 |
| 城镇 | 22155.68 | 133.40 |
| 东部 | 41175.26 | 247.91 |
| 中部 | 8355.88 | 50.31 |
| 西部 | 5317.17 | 32.01 |

由图 3 - 5 可知，从户主教育程度角度来看，户主学历为高中和职高的家中常备现金数最多，均值是 16342.55 元。户主学历是初中及以下、大专和本科、硕士及以下的家中常备现金大体相当。由此可知，户主学历与家中常备现金数额不存在单调关系。

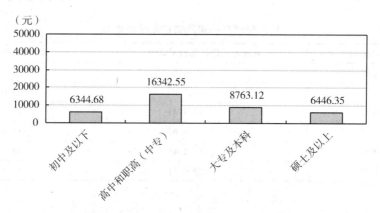

图 3 - 5　教育程度与家庭常备现金数额

如图 3 - 6 所示，从户主年龄来看，户主年龄在 46 ~ 60 周岁的家庭更倾向于储备大量现金，现金额几乎是其他年龄户主的均值之和。其余依次是 16 ~ 30 周岁、31 ~ 45 周岁。61 周岁及以下家中现金最少，不过这三个年龄段的差距并不大。

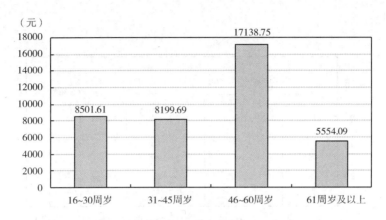

图 3 - 6　户主年龄与家庭常备现金数额

2. 家庭活期存款比例。从图 3 - 7 可知，总体来看，全国大约有 71.10% 的家庭都有活期储蓄。从城乡来看，差距不大，城镇是 73.50%，而农村是 69.70%。从地区来看，中东部地区家庭活期储蓄倾向相差不大，而西部地区仅有 27.50% 的家庭愿意持有活期储蓄。

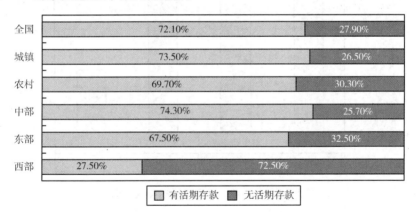

图 3 - 7　按区位划分的家庭活期储蓄情况

从图 3 - 8 可知，户主年龄是 31 ~ 45 周岁以及 46 ~ 60 周岁的活期存款比例倾向比较高，分别是 74.50% 和 75.50%。61 周岁及以上的排在第三位，为 68.30%，16 ~ 30 周岁的活期储蓄最低，为 66.40%。但是所有家庭都过半持有活期存款。

从图 3 - 9 来看，从户主学历上来说，初中及以下、大专和本科的户主家庭拥有活期储蓄比例都在 72% 左右，而硕士及以上学历的户主仅有 64.1% 的家庭有活期储蓄。

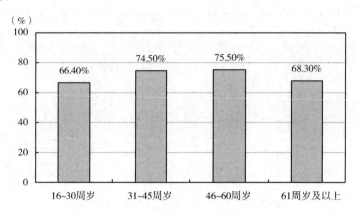

**图 3 - 8  户主年龄与家庭活期存款比例**

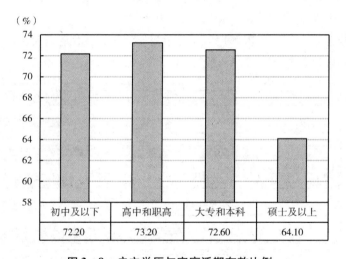

| | 初中及以下 | 高中和职高 | 大专和本科 | 硕士及以上 |
|---|---|---|---|---|
| | 72.20 | 73.20 | 72.60 | 64.10 |

**图 3 - 9  户主学历与家庭活期存款比例**

3. 家庭活期账户存款余额。从表 3 - 17 可知，按城乡来说，农村家庭活期储蓄余额平均值仅有全国的 56.99%，而城镇居民均值是全国的 123.45%。从地区划分来说，东部地区家庭活期储蓄余额最高，为 54183.79 元，是全国的 166.65%，中部地区次之，为全国平均值的 90.08%，西部地区最低，仅为全国平均值的 79.34%。这说明地区经济越发达，家庭活期存款账户余额越高。

表3-17 按区位划分的家庭活期储蓄余额情况

| 区位 | 活期存款余额（元） | 占全国的比值（%） |
|---|---|---|
| 全国 | 32514.64 | 100.00 |
| 农村 | 18530.00 | 56.99 |
| 城镇 | 40139.11 | 123.45 |
| 东部 | 54183.79 | 166.65 |
| 中部 | 29289.86 | 90.08 |
| 西部 | 25796.70 | 79.34 |

从图3-10来看，家庭活期存款余额数随户主学历高低变化明显。初中及以下学历的户主家庭活期存款储蓄余额最高，约为4.54万元。最低是学历为硕士及以上的，为2.05万元。排在第二位的是学历为大专和本科的，其次是学历为高中和职高的。

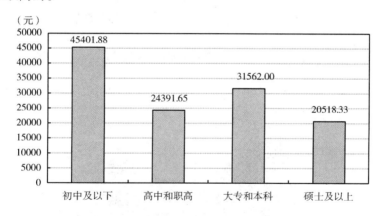

图3-10 户主学历与家庭活期存款比例

4. 家庭定期存款的目的。从图3-11可知，全国家庭定期存款目的大多是因为定期存款有利息和资产的安全性，排在第三位和第四位的分别是旅游和教育。由图3-12、图3-13可知，从城乡来看，城镇和农村家庭也大部分源于定期存款的利息高和资产安全性而去持有定期存款。城镇家庭和农村家庭相差比较大的是留给子女和金融投资两个方面，城市家庭更倾向于金融投资，而农村家庭留给子女的意愿比较高。

从图3-14、图3-15和图3-16分地区来看，中部、东部和西部家庭定期存款储蓄目的相差不大，趋势几乎一致。利息高和资产安全性是排名最高的家庭拥有定期存款的原因。这说明家庭的定期存款目的并没有过大的地区差异。

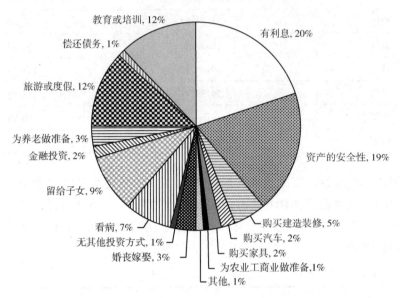

图 3－11　全国家庭定期存款目的

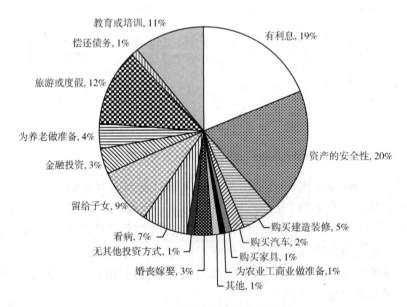

图 3－12　城镇家庭定期存款目的

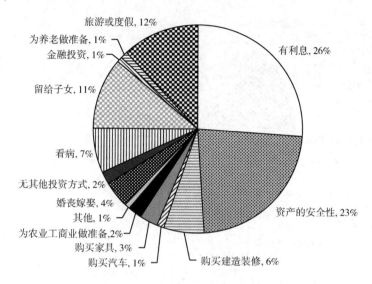

图 3 – 13　农村家庭定期存款目的

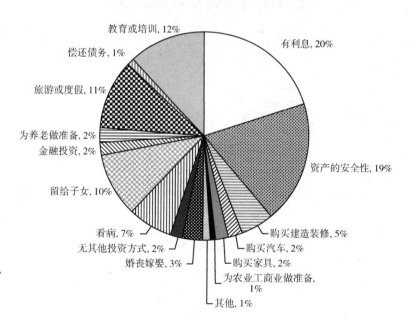

图 3 – 14　中部地区家庭定期存款目的

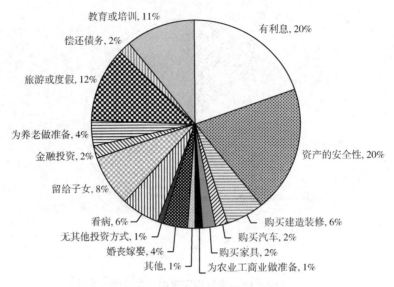

图3-15 东部地区家庭定期存款目的

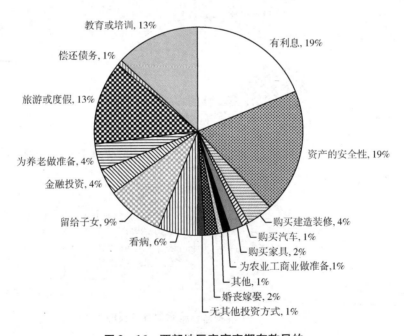

图3-16 西部地区家庭定期存款目的

从图3-17可知，无论户主拥有何种学历，家庭定期存款的目的大部分都是利息和安全性。定期存款目的随户主学历变化不明显，区别不大，这说明几乎所有家庭都把定期存款当做一种保值的资产，升值投资的意图不大。

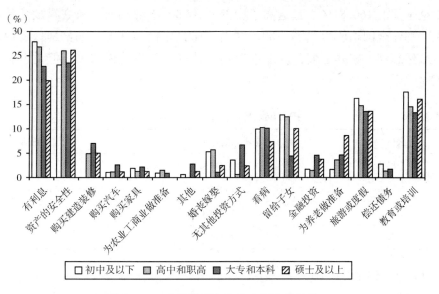

**图 3 – 17　户主学历和家庭定期存款目的**

从图 3 – 18 可知，家庭定期存款随户主年龄区别不大。目的最高的都是利息和资产的安全性，其次是看病、教育和旅游。

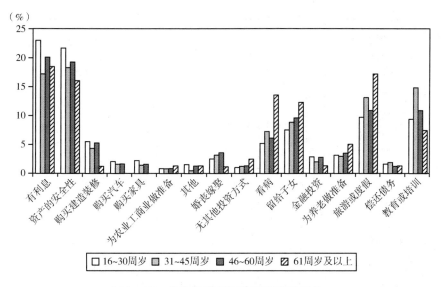

**图 3 – 18　户主年龄和家庭定期存款目的**

5. 家庭定期存款总额。从表 3 – 18 可知，东部家庭定期存款总额 28.3 万元，是全国的 166.81%，远远高于中部和西部。中部和西部家庭存款总额相差不大，都在全国均值的 70%、80% 左右，而且中部地区低于西部地区。由此可见，虽然总体上家庭定期存款总额会随着地区经济发达而增高，但是没有严格的正向关系。

表 3 – 18　　　　　　　　按区位划分的家庭定期存款总额

| 区位 | 定期存款总额（元） | 占全国的比值（%） |
|---|---|---|
| 全国 | 170244.03 | 100.00 |
| 东部 | 283996.10 | 166.81 |
| 中部 | 122086.02 | 71.71 |
| 西部 | 137544.38 | 80.79 |

从图 3 – 19 可知，从户主学历来看，户主学历在硕士及以上的家庭定期存款总额最高，为 37.7 万元。户主学历是初中及以下的是第二位，第三位是大专和本科的。户主学历是高中和职高的家庭定期存款总额最少，为 122296.51 万元。

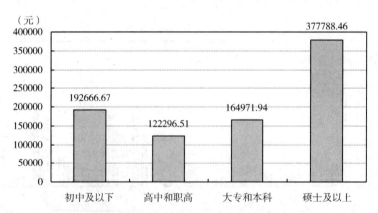

图 3 – 19　户主学历和家庭定期存款总额

由图 3 – 20 可知，户主年龄在 46~60 周岁的家庭更倾向于较高数额的定期存款。户主年龄在 16~30 周岁和 31~45 周岁的家庭定期存款数额几乎一致，都在 13 万元左右。定期存款总额最低是 61 周岁及以上年龄的户主。

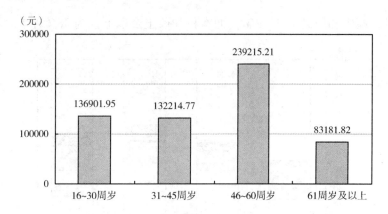

**图 3 – 20　户主年龄和家庭定期存款总额**

6. 家庭网络理财情况。由图 3 – 21 可知，从全国范围内看，网络理财工具只有大约半数的人使用，使用频率最高的是支付宝。从城乡来看，这个趋势依旧成立。不过农村家庭比城镇家庭使用微信理财的频率高一些，而城镇比农村使用余额宝的频率高一些。

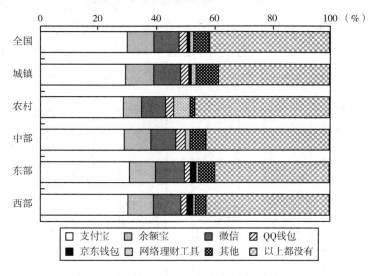

**图 3 – 21　按区位划分的家庭网络理财情况**

按照地区划分，中、东、西部的趋势几乎完全一样，差别不大。

从图 3 – 22 可知，家庭网络理财工具选择随着户主学历的变化区别不明显。排在最高位的都是支付宝。但是随着户主学历的提高，家庭对于使用网络理财工具的倾向明显提升，户主学历在初中及以下的家庭有 56.9% 没有使用过网络理财工具，高中和职高为 44.9%，而本科和硕士及以上仅为 38% 左右。

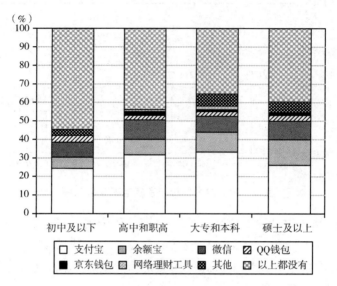

图 3-22　户主学历和家庭网络理财情况

从图 3-23 可知，随着户主年龄的提高，家庭使用网络理财工作的比例变低，从 67% 一直减少到 22%。这说明年轻人更倾向于接受网络理财，而年长者对于网络理财信任度不高。在网络理财工具选择上，支付宝的受青睐程度最高。

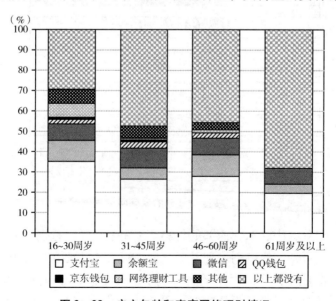

图 3-23　户主年龄和家庭网络理财情况

## （二）家庭非人民币金融资产总额

由表3-19可知，按照地区来看，中部地区家庭非人民币金融资产总值是全国均值的1.04倍，而西部地区则较低，仅为全国均值的45.40%，东部地区处于中间水平。家庭购买非人民币金融资产跟地区发达与否的单调关系不明显。

表3-19    按区位划分的家庭非人民币金融资产总额

| 区位 | 非人民币金融资产市值（元） | 占全国的比值（%） |
|---|---|---|
| 全国 | 274753.53 | 100.00 |
| 中部 | 286909.10 | 104.42 |
| 东部 | 231928.75 | 84.41 |
| 西部 | 124750 | 45.40 |

如图3-24所示，家庭非人民币金融资产总额随户主年龄高低变化明显。户主年龄在61周岁及以下的家庭非人民金融资产均值仅有3.5万元，而最高的户主年龄在46~60周岁的家庭均值总额为131万元。户主年龄在31~45周岁的家庭排在第二位，为40.5万元。第三位是16~30周岁，为30.4万元，都远远低于46~60周岁。

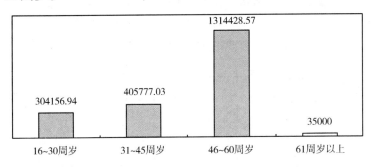

图3-24    户主年龄和家庭非人民币金融资产总额

## （三）股票

1. 持股情况。

（1）持有比例。由图3-25可知，从全国来看，14.26%的家庭目前持有股票。分城乡来看，城镇家庭的持股比例为19.72%，约是农村家庭持股比例的4倍，远高于农村。分地区来看，东部地区家庭的持股比例为18.56%，高于中部地区的12.91%和西部地区的12.00%。总之，越是发达地区的家庭，其持股比例越大。

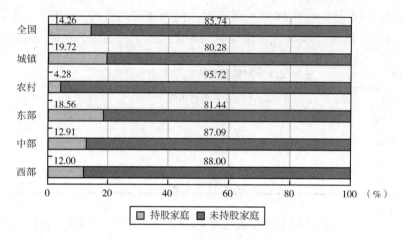

图3-25　家庭股票持有情况

如图3-26所示，从年龄来看，年龄在46~60周岁的户主家庭持股比例最高，为16.08%，16~30周岁、31~45周岁的户主家庭持股比例依次为13.61%和13.75%，而年龄在61周岁以上的户主家庭中持股比例最低，仅为6.35%。

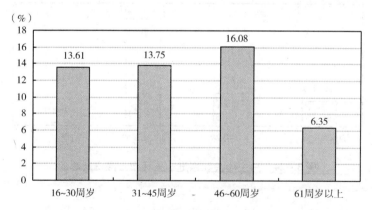

图3-26　户主年龄与居民持股比例

（2）股票账户余额特征。如表3-20所示，从全国范围来看，在拥有股票账户的家庭中，股票账户现金余额的均值为55185元，中位数为12500元。分城乡看，城镇家庭股票账户现金余额的均值为 58077 元，远高于农村家庭的 33013 元。分地区看，东、中、西部三个地区家庭股票账户余额的均值逐渐降低，依次为 78818 元、48852 元和 20686 元。

表 3-20　　　　　　　　　　　家庭股票账户现金余额　　　　　　　　　单位：元

| 区位 | 均值 | 中位数 |
| --- | --- | --- |
| 全国 | 55185 | 12500 |
| 城镇 | 58077 | 12500 |
| 农村 | 33013 | 2500 |
| 东部 | 78818 | 12500 |
| 中部 | 48852 | 12500 |
| 西部 | 20686 | 5000 |

从图 3-27 可知，在拥有股票账户的家庭中，约 44.38% 的家庭其股票账户余额在 5000 元以下，账户余额在 5000~20000 元的家庭占 22.19%，在 20000~50000 元的家庭占比 11.24%，账户余额超过 50000 元的其余各组，家庭占比均低于 10%。

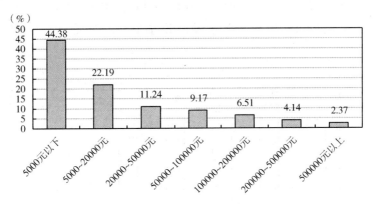

图 3-27　家庭股票账户现金余额分布

（3）炒股负债情况。由图 3-28 可知，从全国范围来看，负债炒股的家庭比例为 4.05%，户均负债约为 51294.50 元。分城乡来看，农村家庭中负债炒股的比例为 6.67%，高于城镇家庭的 3.65%，但农村家庭户均负债远低于城镇。分地区来看，东、中部地区负债炒股的比例分别为 4.92% 和 4.19%，后者的户均负债高于前者，西部地区家庭负债炒股的比例以及户均负债都最低，分别为

1.75% 和 20000.00 元。

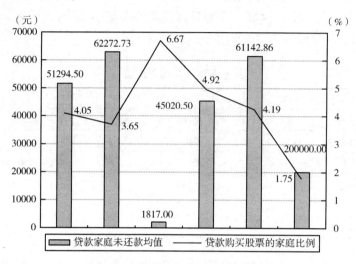

**图 3-28　家庭炒股负债总体情况**

2. 持股收益。由图 3-29 可知，在目前持有股票的家庭中，所持股票市值在 5000~20000 元的家庭最多，约为 21.21%，其次为市值在 5 万~10 万元的家庭，比例为 20.30%，高于市值在 5000 元以下家庭的 17.58% 和市值在 2 万~5 万元家庭的 19.39%。所持股票市值在 10 万元以上的家庭占比不足 25%。

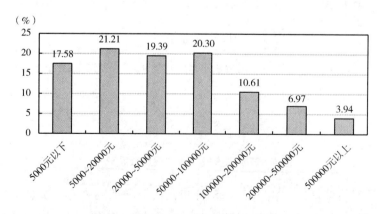

**图 3-29　家庭所持股票市值分布**

表 3-21 显示了目前持股家庭的上市股票总市值以及 2015 年获得的持股收益。从全国来看，家庭持有股票市值的均值为 115949 元，中位数为 35000 元。

分城乡看，城镇家庭持有股票市值的均值为 127294 元，中位数为 35000 元，均远高于农村。分地区看，东部地区家庭持有股票市值高于中、西部地区。

表 3-21　　　　　　　　　　家庭持股市值及收益　　　　　　　　　单位：元

| 区位 | 股票市值 | | 持股收益（2015 年） | |
|---|---|---|---|---|
| | 均值 | 中位数 | 均值 | 中位数 |
| 全体 | 115949 | 35000 | 41646 | 2500 |
| 城镇 | 127294 | 35000 | 45409 | 2500 |
| 农村 | 38716 | 2500 | 14627 | 2500 |
| 东部 | 188046 | 35000 | 88822 | 2500 |
| 中部 | 82037 | 35000 | 14332 | 2500 |
| 西部 | 55441 | 12500 | 8691 | 2500 |

从 2015 年家庭持股收益看，就全国而言，持股家庭的平均持股收益为 41646 元，中位数为 2500 元。分城乡来看，城镇持股家庭的平均持股收益为 45409 元，约为农村持股家庭的 3 倍。分地区来看，东部地区持股家庭的平均持股收益为 88822 元，约为中部地区家庭的 8 倍，西部地区家庭的 10 倍，远高于中西部地区持股家庭的平均持股收益。

图 3-30 为从开始炒股到现在，全国炒股家庭的盈亏情况。由图 3-30 可知，就全国总体而言，仅有 19.43% 的家庭炒股获得了盈利，51.27% 的家庭炒股亏损，另有 29.30% 的家庭盈亏平衡。

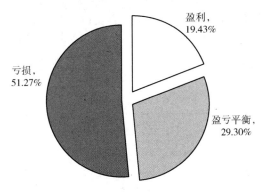

图 3-30　家庭炒股总体盈亏

从图 3-31 可知，从学历来看，学历为初中及以下的户主家庭中，炒股获得盈利的家庭占比仅为 8.00%；学历为高中、职高或中专的户主家庭中，炒股获得盈利的比例为18.18%，户主学历为大专以上的家庭炒股盈利的比例均超过了20%，且学历为研究生或博士的家庭炒股盈利的比例达到了25.00%。这说明随着户主学历的提高，炒股盈利的比例逐渐增加。

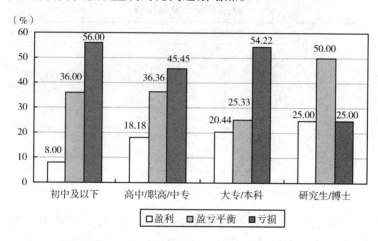

图3-31　户主学历与家庭炒股盈亏

## （四）债券

1. 持有债券情况。由表3-22可知，就全国总体而言，目前持有债券的家庭比例为3.02%，平均每户持有的债券种类仅为0.0396。分城乡来看，城镇家庭中持有债券的比例为4.17%，平均每户持有的债券种类为0.0538，持有债券的比例以及平均每户持有的债券类型均高于农村。分地区来看，东、中部地区家庭持有债券的情况相近，持有债券的比例分别为3.54%和3.10%，平均每户持有的债券种类分别为0.0413和0.0426，均高于西部地区。

表3-22　　　　　　　　家庭持有债券总体情况

| 区位 | 持有比例（%） | 户均拥有种类 |
| --- | --- | --- |
| 全国 | 3.02 | 0.0396 |
| 城镇 | 4.17 | 0.0538 |
| 农村 | 1.06 | 0.0145 |
| 东部 | 3.54 | 0.0413 |
| 中部 | 3.10 | 0.0426 |
| 西部 | 2.37 | 0.0296 |

2. 持有债券类型。图 3 - 32 显示了从全国来看，持有债券的家庭所持债券的种类情况。在持有债券的家庭中，高达 82.89% 的家庭仅持有一种债券，7.89% 的家庭同时持有两种债券，仅有 9.21% 的家庭持有 3 种及以上债券。说明我国居民当前对债券的投资仍然比较单一。

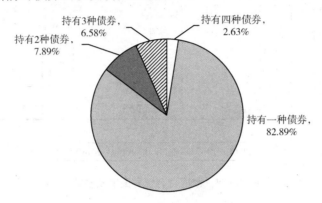

**图 3 - 32  家庭持有债券种类情况**

从图 3 - 33 可知，在持有债券的家庭中，持有国债的家庭最多，为 61.84%，其次为持有金融债券的家庭，占比 22.37%。另有 19.74% 的家庭持有公司债券，18.42% 的家庭持有地方政府债券，持有其他债券的家庭仅占 6.58%。

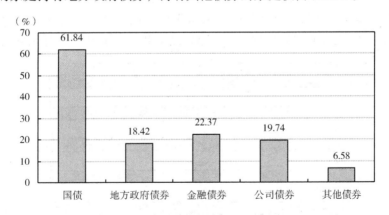

**图 3 - 33  家庭持有债券的类型分布**

3. 持有债券收益。图 3 - 34 显示了家庭持有债券的面值及 2015 年收益情况。从全国总体来看，平均每户家庭持有债券面值为 2092.93 元，2015 年收益为 183.25 元。分城乡来看，城镇家庭平均每户持有债券面值为 2482.61 元，2015 年收益为 272.01 元，农村家庭平均每户持有债券面值为 1403.80 元，2015 年收益为 26.29

元。由此可知，越发达的地区家庭持有债券的规模越大，获得的收益也越多。

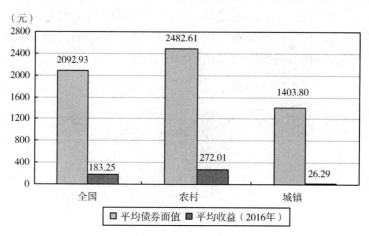

图 3 - 34　家庭持有债券面值及收益

## （五）基金

1. 持有基金情况。如图 3 - 35 所示，2016 年全国家庭基金的持有比例为 6.55％。从城乡层面看，城镇持有比例为 8.86％，远高于农村的 2.30％。分地区看，东部地区基金持有比例最高，为 9.02％，高于全国持有比例；中部次之，为 6.22％，西部最低，为 4.07％。不难发现，我国当前基金持有比例仍然较低，

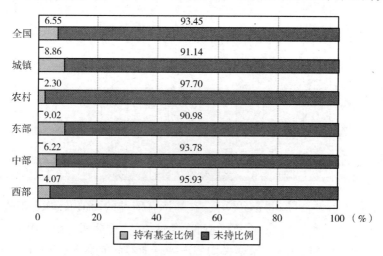

图 3 - 35　基金持有比例

且存在较大的城乡差异与地区差异。

图3－36为基金持有人学历与基金持有比例，由图可知，户主为小学学历的家庭中有2.29%的家庭持有基金，初中学历的家庭中持有基金的比例为0.87%，户主学历为高中的家庭基金持有比例为4.26%，学历为大专或本科的家庭，基金持有比例比较相似，分别为8.67%和9.29%，户主拥有研究生学历的家庭中持有基金比例最高，为21.88%。自初中后，随着户主学历的提高，持有基金的家庭比例也在不断上升。

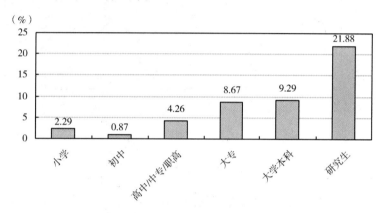

**图3－36　持有人学历与基金持有比例**

由图3－37可知，从持有人年龄看，户主年龄处于31～45周岁与46～60周岁的户主中持有基金的家庭比例最高，均为2.39%，61周岁以上的户主，持有比例最低，为0.05%，16～30周岁的户主持有比例为1.72%。

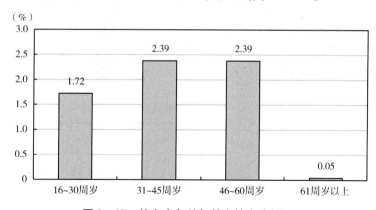

**图3－37　持有人年龄与基金持有比例**

2. 持有基金面值。从图3－38可知，我国基金持有面值在5000～20000元的家庭占比最高，为32.05%，而持有基金面值在20万元以上的家庭占比最少，为4.49%。说明我国当前家庭基金投资力度仍然较低。持有基金的面值在5000元以下的家庭比例为23.08%，面值在2万~5万元的占比为21.79%，面值在5万~10万元的家庭占比为12.18%，10万~20万元的面值仅占6.41%。不难发现，当基金面值超出2万元后，随着面值的增大，持有基金的家庭比例在不断降低。

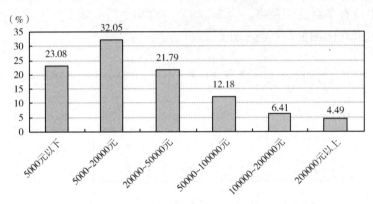

图3－38　持有基金总面值

如表3－23所示，从全国来看，我国2015年家庭持有基金的总面值平均为56437元，中位数为12500元。从城乡来看，城镇家庭持有基金总面值的均值为60644元，高于全国平均水平，中位数为23750元，同样高于全国中位值；而反之，农村家庭持有基金的总面值平均仅为29193元，远低于全国平均水平，中位数仅为2500元，与全国差距较大。分地区看，东部地区家庭持有基金总面值的平均值远超全国平均水平，为84754元，但中位数与全国保持一致。中西部地区家庭持有基金总面值的均值都低于全国平均水平，分别为43757元和26451元，中位数与全国也保持一致。不难发现，我国家庭持有基金的总面值同样存在明显的城乡差距与地区差异。

表3－23　　　　　　　　　　　　　持有基金面值　　　　　　　　　　　　　单位：元

| 区位 | 均值 | 中位数 |
|---|---|---|
| 全国 | 56437 | 12500 |
| 城镇 | 60644 | 23750 |
| 农村 | 29193 | 2500 |
| 东部 | 84754 | 12500 |
| 中部 | 43757 | 12500 |
| 西部 | 26451 | 12500 |

3. 是否贷款购买基金。如图 3 - 39 所示，我国绝大部分家庭都未采取贷款购买基金的方式，选择贷款购买基金的家庭仅占 0.61%。这可能源于我国人民长期坚持存钱养老的观念，保守的投资理念使得我国家庭较少采取风险较高的借款购买基金方式。

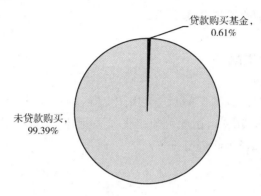

**图 3 - 39 家庭贷款购买基金情况**

4. 基金税后收益。如图 3 - 40 所示，为基金投资者的学历与其税后收益情况比较。由图可知，我国持有基金的家庭中，绝大部分税后收益都位于 5000 元以下，占比为 72.09%，收益在 5000 ~ 20000 元的家庭占比 20.16%，收益在 2 万 ~ 5 万元的比例为 4.65%，收益在 5 万 ~ 10 万元的家庭最少，仅占 3.10%。

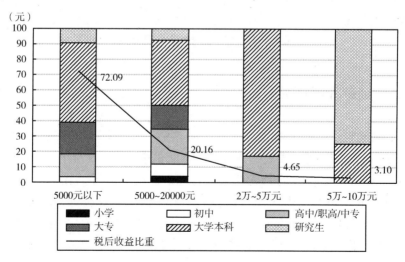

**图 3 - 40 基金投资人学历与税后收益情况**

从学历来看，基金税后收益在 5000 元以下的家庭中，拥有大学本科学历的最多，其次为大专，初中学历最少；收益位于 5000~20000 元的家庭有着相似的情况，仍然是本科学历最多，其次为高中，小学学历最少；收益超过 2 万元的家庭，学历最低为高中，且税后收益在 5 万~10 万元的家庭，几乎全部为研究生学历。不难发现，持有基金并能获得税后收益的多数为本科学历，且随着户主学历的提升，基金收益也在递增。

## （六）金融衍生品

如图 3-41 所示，我国家庭对金融衍生品的拥有量非常低，拥有期货的仅占 0.18%，权证为 0.76%。由此可知，我国居民对金融衍生品的投资力度较低，绝大部分家庭都未选择对此进行投资。

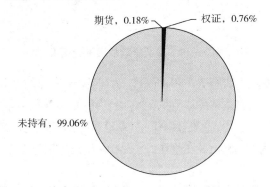

图 3-41　家庭金融衍生品拥有情况

## （七）金融理财产品

1. 金融理财产品拥有状况。家庭金融理财产品的拥有情况见图 3-42。就全国总体而言，未拥有银行理财产品的家庭在总有效样本中的占比高达 92.89%，而仅有 7.11% 的家庭拥有银行理财产品。此外，在拥有银行理财产品的 7.11% 的家庭中，仅有 0.72% 的家庭持有其他金融理财产品，而余下 6.39% 的家庭仅拥有银行理财产品。因此从总体来看，在我国，家庭金融理财产品的拥有比例很低，且家庭持有的金融理财产品种类单一，仅局限于银行理财产品。

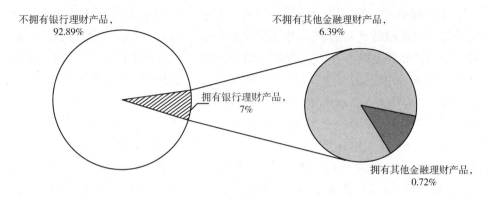

图 3 - 42　家庭金融理财产品拥有比例

从图 3 - 43 可以看出，对于不同户口类型、学历的户主，家庭银行理财产品持有比例具有一定的差异性。从城乡来看，有 9.11% 的城镇家庭持有银行理财产品，这一持有比例远高于农村家庭的 1.57%。从户主学历来看，户主未上过学的家庭，其银行理财产品持有比例为零；有 2.88% 户主学历为小学的家庭持有银行理财产品；户主学历为初中的家庭，银行理财产品持有比例为 1.82%；户主学历为高中/中专/职高的家庭，持有比例 14.33%；户主学历为大专的家庭，持有比例 10.06%；户主学历为大学本科的家庭，持有比例为 8.45%，户主学历为硕士研究生及博士研究生的家庭，持有比例分别为 13.64% 和 14.29%。

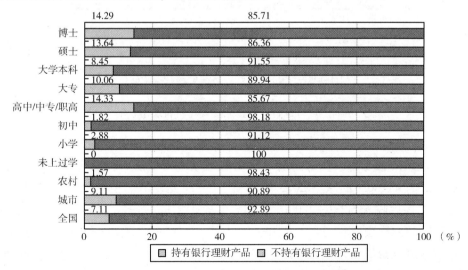

图 3 - 43　户主户口类型、学历与银行理财产品持有比例

2. 银行理财产品投入资金与持有现值。图 3-44 为持有银行理财产品的家庭用于购买银行理财产品的资金与目前持有的银行理财产品市价的情况。在购买银行理财产品资金投入方面，购买了银行理财产品的家庭中，有 3.40% 的家庭投入了 5000 元以下的资金，12.24% 的家庭投入了 5000~20000 元，13.61% 的家庭投入了 2 万~5 万元，19.73% 的家庭投入了 5 万~10 万元，43.54% 的家庭投入了 10 万~50 万元，5.44% 的家庭投入了 50 万~100 万元，而仅有 2.04% 的家庭投入了 100 万元以上。在所持有银行理财产品现值方面，有 5.88% 的家庭持有 5000 元以下的银行理财产品，16.99% 的家庭持有 5000 元到 2 万元，13.73% 的家庭持有 2 万~5 万元，18.95% 的家庭持有 5 万~10 万元，37.25% 的家庭持有 10 万~50 万元，没有家庭持有 50 万~100 万元，而仅有 1.96% 的家庭持有 100 万元以上的银行理财产品。由此可以看出，大部分家庭在银行理财产品上投入的资本与持有的现值在 2 万~50 万元这一区间之内。

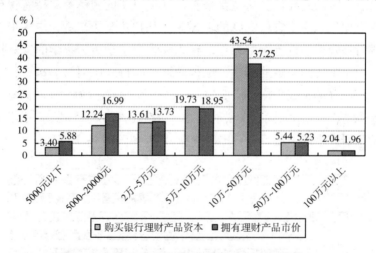

图 3-44　银行理财产品投入资金与持有现值状况

3. 家庭金融理财产品税后收入。图 3-45 为 2015 年持有金融理财产品的家庭在金融理财产品投资中获得的所有税后收入状况。在所有持有金融理财产品的家庭中，有 44.60% 的家庭 2015 年获得了 5000 元以下的税后收入，32.37% 的家庭获得税后收入 5000~20000 元，17.27% 的家庭获得税后收入 2 万~5 万元，4.32% 的家庭获得税后收入 5 万~10 万元，1.44% 的家庭获得 10 万~20 万元，没有家庭获得的收入在 20 万元以上。由此看来，大部分持有金融理财产品的家庭 2015 年所获得的税后收入都在 2 万元以下。

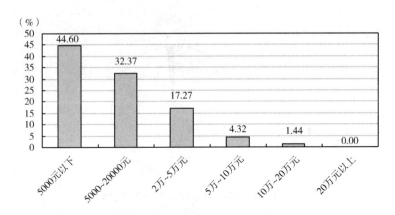

**图 3 – 45　家庭金融理财产品税后收入**

由表 3 – 24 可知，在持有银行理财产品的家庭中，平均每户家庭的银行理财产品的投入资金为 129551 元，中位数为 65000 元。平均每户家庭的银行理财产品持有现值为 175115 元，中位数为 75000 元。所有持有金融理财产品的家庭中，平均每户家庭 2015 年在此项上获得的税后收入为 15565 元，中位数为 12500 元。

| 表 3 – 24 | 金融理财产品持有 | 单位：元 |
|---|---|---|
| 金融理财产品 | 均值 | 中位数 |
| 银行理财产品投入资金 | 129551 | 65000 |
| 银行理财产品持有现值 | 175115 | 75000 |
| 金融理财产品税后收入 | 15565 | 12500 |

从以上结果可以看出，在银行理财产品投入资金和持有现值上，不同的家庭所投入或持有的量差异较大。而从金融理财产品税后收入的均值和中位数来看，尽管不同的家庭购买、持有了不同量的理财产品，他们在金融理财产品上获得的收益差异却并不大。

4. 借贷购买金融理财产品情况。由图 3 – 46 可知，在所有购买了金融理财产品的家庭中，仅有 2.48% 的家庭借钱或者贷款购买金融理财产品，97.52% 的家庭并未因购买金融理财产品而进行借贷行为。由此可以看出，我国家庭对于金融理财产品的投资行为非常谨慎，金融理财产品投资活动并不活跃。

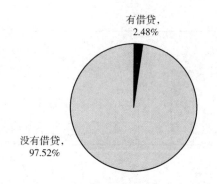

图 3 - 46　家庭购买金融理财产品的借贷情况

# （八）黄金

1. 黄金拥有情况。表 3 - 25 为家庭持有黄金的情况。就全国而言，有效样本中仅有 7.81% 的家庭持有黄金。分城乡来看，在有效样本中，城镇家庭中有 8.22% 持有黄金，而农村家庭中有 6.94% 持有黄金，城镇家庭的黄金持有率略高于农村家庭。

**表 3 - 25**　　　　　　　　　　　　**家庭黄金持有**　　　　　　　　　单位:%

| 区位 | 全国 | 城镇 | 农村 |
|---|---|---|---|
| 持有比例 | 7.81 | 8.22 | 6.94 |

图 3 - 47 为户主学历与家庭黄金持有情况。户主未上过学的家庭中，黄金持有比例为零；户主学历为小学的家庭有 7.91% 持有黄金；户主学历为初中的家庭黄金持有比例为 7.29%；户主学历为高中/中专/职高的家庭中有 5.26% 持有黄金；户主学历为大专的家庭黄金持有比例为 9.47%；户主学历为大学本科和硕士研究生的家庭持有黄金比例分别为 9.23% 和 9.09%；户主学历为博士的家庭黄金持有比例为 14.29%。结合全国以及区位的黄金持有比例来看，户主学历对黄金持有比例的影响并不显著。

2. 黄金的购买资金与持有现值。图 3 - 48 为持有黄金的家庭购入资金与现有黄金市价情况。从购入黄金的资金量看，持有黄金的家庭中有 14.74% 投入了 5000 元以下的资金购买黄金；49.36% 的家庭投入了 5000～20000 元购买黄金；23.08% 的家庭投入了 2 万～5 万元；7.69% 的家庭投入了 5 万～10 万元；

3.21% 的家庭投入了 10 万~20 万元；1.92% 的家庭在购买黄金上投入了 20 万元以上的资金。从持有黄金现值来说，20.41% 的家庭持有 5000 元以下的黄金；44.39% 的家庭持有 5000~20000 元的黄金；23.98% 的家庭持有 2 万~5 万元的黄金；7.65% 的家庭持有 5 万~10 万元的黄金；2.55% 的家庭持有 10 万~20 万元的黄金，而仅有 1.02% 的家庭持有 20 万元以上的黄金。无论从购入黄金的资金量还是拥有黄金市价的角度来看，绝大部分家庭的资金量和现有黄金量都在 5 万元以下。

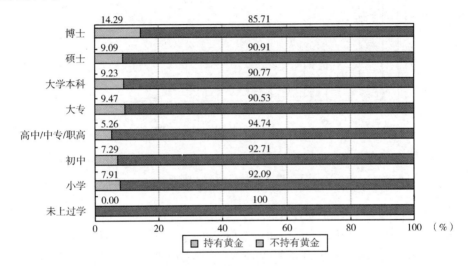

图 3 - 47　户主学历与黄金持有比例

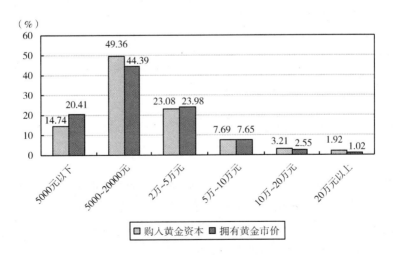

图 3 - 48　黄金购入与持有现状

3. 黄金税后收入。图3－49展示了持有黄金的家庭2015年在黄金上取得的税后收入状况。在所有持有黄金的家庭中，有63.89%的家庭2015年取得了5000元以下的税后收入；24.31%的家庭取得了5000～20000元；9.72%的家庭2015年取得了2万～5万元；2.08%的家庭取得了10万～20万元的税后收入，没有家庭税后收入在20万元以上。

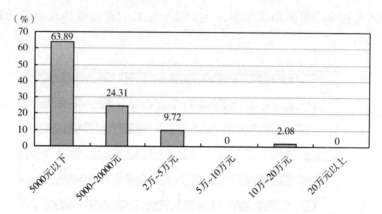

**图3－49　黄金税后收入情况**

从表3－26可知，所有持有黄金资产的家庭在黄金资产上投入资本的均值为25531元，中位数为10000元；而黄金资产的持有现值的均值为28346元，中位数为12500元；2015年所有持有黄金资产的家庭获得的税后收入的均值是8742元，中位数为2500元，结合图3－49可知，现阶段我国拥有黄金的家庭获得的税后收益仍然较低。

表3－26　　　　　　　　　　　黄金资产持有　　　　　　　　　　　　单位：元

| 黄金资产 | 均值 | 中位数 |
|---|---|---|
| 投入资本 | 25531 | 10000 |
| 持有现值 | 28346 | 12500 |
| 2015年税后收入 | 8742 | 2500 |

4. 购买黄金的借贷情况。图3－50为家庭借贷购买黄金的情况。在所有持有黄金的家庭中，仅有3.76%的家庭借钱或贷款购买黄金，其余96.24%的家庭并不存在借贷行为。由此可以看出，我国家庭在黄金投资上的态度是十分谨慎的。

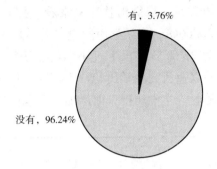

**图 3 – 50　借贷购买黄金情况**

# （九）借出款

1. 借出款比例。如图 3 – 51 所示，从全国范围来看，有 38.50% 的家庭有借出款。分城乡来看，城镇家庭的借出款比例为 35.71%，低于农村家庭的借出款比例 44.48%。

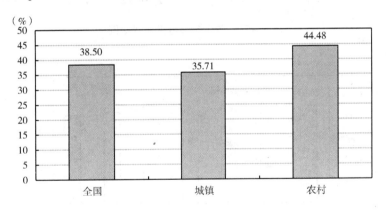

**图 3 – 51　借出款比例**

如图 3 – 52 所示，从年龄来看，户主年龄在 31～45 周岁的，其借出款比例最高，为 28.51%；户主年龄在 16～30 周岁与 46～60 周岁的借出比例分别为 23.45% 和 26.18%；而居户主年龄在 61 周岁及以上的借出比例最低，为 14.06%；总体来看，青壮年组借出款比例最高。

图 3 – 53 所示为户主学历与借出款情况。从小学到大学本科，随着户主学历的提升，借出款均额逐渐增大。在所有学历组中，拥有大学本科学历的户主

借出款均额最大，为95862元。从借出款比例来看，拥有初中学历的户主其家庭借出款比例最高，为30.66%；小学学历的户主借出款比例次之，大专学历的户主借出款比例最低，为22.78%；没上过小学的、获得高中/职高/技校/中专学历的、大学本科学历的以及研究生学历的户主家庭，借出比例均在25%左右。总体来看，借出款金额随着户主学历提升而增加，但总体借出款比例差别不大。

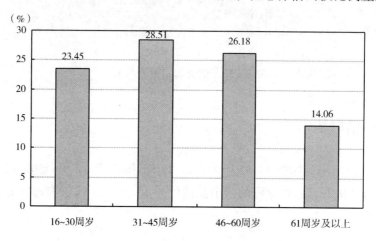

图 3-52　居民年龄与借出款比例

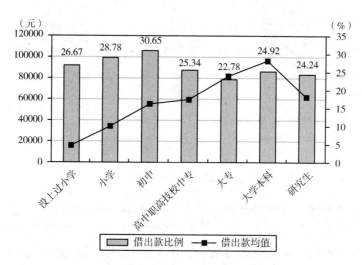

图 3-53　居民学历与借出款比例

图 3-54 为不同月净收入水平的户主家庭的借出款均额和借出款比例。由图可知，月净收入为 1000 元以下的户主家庭，其借出款均额最小，为 39304.35 元，且借出款比例最低，为 25%；月净收入为 2 万元以上的户主家庭，其借出款均额最大，为 88333.33 元，且借出款比例最高，为 55.56%。总体来看，随着户主月净收入的增长，借出款均额和借出款比例都在增加。

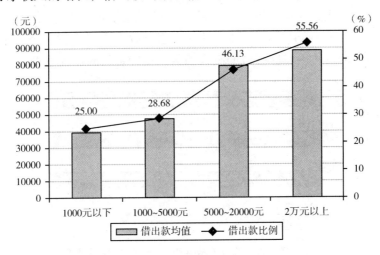

**图 3-54 月净收入与借出款**

2. 借出款规模。表 3-27 统计了借出款总体规模大小，可以看出，全国家庭借出款均额为 83679 元，借出款净额均值（至今未收回的借款金额均值）为 65557 元，两者中位数分别为 23000 元和 20000 元。分城乡来看，城镇家庭借出款均额为 97668 元，借出款净额均值为 84480 元，两者中位数分别为 20000 元和 30000 元；农村家庭借出款均额为 62294 元，借出款净额均值为 37918 元，两者中位数分别为 20000 元和 15000 元；总体来看，城镇家庭借出款金额大于农村家庭借出款金额。

表 3-27 居民借出款          单位：元

| 区位 | 借出款总额 | | 借出款净额 | |
|---|---|---|---|---|
| | 均值 | 中位数 | 均值 | 中位数 |
| 全国 | 83679 | 23000 | 65557 | 20000 |
| 城镇 | 97668 | 30000 | 84480 | 20000 |
| 农村 | 62294 | 20000 | 37918 | 15000 |

## （十）其他负债

1. 为教育进行银行贷款的情况。由图3-55可知，从全国范围来看，因家庭成员教育进行银行贷款的家庭占比为7.11%。从城乡来看，城镇家庭有3.17%的家庭因成员教育进行银行贷款，农村因成员教育而进行银行贷款的家庭比重更大，约为14.44%。一般来说城市家庭收入高于农村，因此可以推断，收入水平越高的群体因家庭成员的教育而进行银行贷款的比例越小。

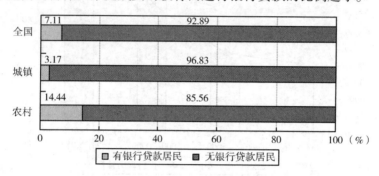

图3-55 为家庭成员教育而进行的银行贷款情况

由表3-28可知，就全国而言，家庭因教育进行的银行贷款额度均值为28971元，中位数为18000元，银行贷款净额均值为22137元，中位数为16700元。分城乡来看，城镇家庭为教育进行的银行贷款均值为27820元，小于农村家庭。一般来讲，城镇家庭收入高于农村，因此可以推断，收入水平越低的群体因家庭成员教育而进行银行贷款的金额越大。但从银行贷款净额来看，城镇家庭银行贷款净额无论是在均值方面还是中位数方面均高于农村。

表3-28　　　　　　　　　　　　银行贷款金额　　　　　　　　　　单位：元

| 区位 | 银行贷款额 | | 银行贷款净额 | |
|---|---|---|---|---|
| | 均值 | 中位数 | 均值 | 中位数 |
| 全国 | 28971 | 18000 | 22137 | 16700 |
| 城镇 | 27820 | 20000 | 26339 | 20000 |
| 农村 | 29442 | 17700 | 20360 | 16000 |

2. 为教育而向他人或其他机构借款的情况。家庭因成员教育除了向银行贷款，还存在向他人或其他机构借款的情况。从全国范围来看，向他人和其他机

构借款的家庭占比为 4.71%。如图 3–56 所示，在这 4.71% 的家庭中，其中有
66.32% 为农村家庭，33.68% 为城镇家庭。相比于城镇，因家庭成员的教育向
他人和其他机构借款的农村家庭比例更大。

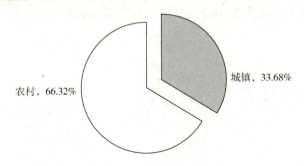

**图 3–56　向他人与其他机构借款构成**

　　从借款规模来看，在全国范围内，因家庭成员教育而向他人或其他机构借
款的均额为 37559 元，中位数为 20000 元；净额均值为 25952 元，中位数为
20000 元。分城乡来看，城镇家庭因家庭成员教育而向其他人或机构借款的均额
为 47394 元，远高于农村借款均额 32717 元，城镇与农村家庭向他人或机构借款
额的中位数相同，均为 20000 元；城镇家庭借款净额的均值为 33292 元，仍然高
于农村家庭借款净额水平，城镇家庭借款净额的中位数为 20000 元，同样高于
农村借款净额的中位数。这说明，城镇家庭向他人及其他机构借款的金额更大。

　　将表 3–29 与表 3–28 进行对比可以看出，无论是从全国整体来看，还是分
城镇、农村考察，家庭因成员教育而向他人与其他机构借款的均额和净额均值
均大于向银行借款的均额和净额均值。这说明我国家庭向他人与其他机构借款
的额度更大。

表 3–29　　　　　　　　　　**向他人及其他机构借款金额**　　　　　　　单位：元

| 区位 | 他人或其他机构借款总额 | | 他人或其他机构借款净额 | |
| --- | --- | --- | --- | --- |
| | 均值 | 中位数 | 均值 | 中位数 |
| 全国 | 37559 | 20000 | 25952 | 20000 |
| 城镇 | 47394 | 20000 | 33292 | 20000 |
| 农村 | 32717 | 20000 | 21804 | 15000 |

　　3. 教育负债来源。图 3–57 显示了家庭因教育进行的总体债务构成。由图
可知，从银行贷款的家庭比重最大，为 66.9%，他人与其他机构借款的占比较

小，为 25.78%，两者都有的占比 7.32%。由此看出，我国家庭因教育进行的总体债务构成中，向他人与其他机构借款的家庭占比远远小于向银行贷款的家庭比例。但与表 3 – 29 对比分析可知，相比于银行贷款，向他人与其他机构借款的家庭虽然在教育借款来源中比例较小，但其借款数额更大。

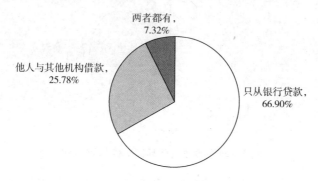

**图 3 – 57　教育借款来源构成**

## （十一）信用卡

1. 信用卡使用比例。信用卡借贷是居民家庭负债来源之一，由图 3 – 58 可以看出，在全国范围内，有 50.78% 的家庭拥有信用卡信用额度。分城乡来看，城镇家庭拥有信用卡信用额度的占比为 59.87%，远高于农村家庭的 32.55%。

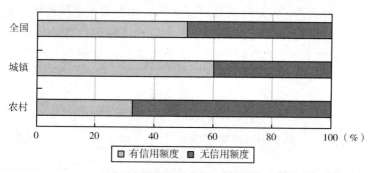

**图 3 – 58　信用卡使用比例**

2. 信用卡使用情况。如表 3 – 30 所示，从信用卡使用情况来看，全国户均信用卡额度为 90120 元，上月户均消费为 9307 元，户均信用卡欠款为 10768 元。分城乡来看，城镇家庭户均信用额度及其中位数分别为 99456 元和 31500 元；上月户均消费及其中位数分别为 9770 元和 3000 元。农村家庭户均信用额度及中位数分别为 56288 元和 20000 元；上月户均消费和中位数分别为 7365 元和 2700 元。但在信用卡欠款方面，城镇家庭欠款均值为 9930 元，低于农村家庭欠款均值 15396 元。两者相比，城镇家庭比农村家庭信用额度大、消费多，但欠款相对较少。

表 3 – 30　　　　　　　　　　　　信用卡使用情况　　　　　　　　　　　单位：元

| 使用情况 | 全国 | | 城镇 | | 农村 | |
|---|---|---|---|---|---|---|
| | 均值 | 中位数 | 均值 | 中位数 | 均值 | 中位数 |
| 信用额度 | 90120 | 30000 | 99456 | 31500 | 56288 | 20000 |
| 上月消费 | 9307 | 3000 | 9770 | 3000 | 7365 | 2700 |
| 信用卡欠款 | 10768 | 3000 | 9930 | 3000 | 15396 | 7750 |

## （十二）其他贷款或借款

1. 其他贷款或借款金额。除住房、教育和信用卡之外，家庭还存在其他形式的贷款或借款，表 3 – 31 即为其他形式的贷款或借款的规模情况。由表 3 – 31 可以看出，全国范围内，平均每户家庭中其他贷款或借款为 196283 元，中位数为 70000 元，其他借款或贷款净额为 161164 元，中位数为 70000 元。分城乡来看，虽然城镇家庭和农村家庭的其他形式贷款或借款总额中位数、净额中位数差别都不大，但城镇家庭中，平均每户家庭的其他贷款或借款金额为 286908 元，远远高于农村家庭水平；城镇家庭平均每户的其他贷款借款净额为 222740 元，仍然远高于农村家庭的情况。

表 3 – 31　　　　　　　　　其他形式贷款或借款的金额　　　　　　　单位：元

| 区位 | 其他贷款借款总额 | | 其他贷款借款净额 | |
|---|---|---|---|---|
| | 均值 | 中位数 | 均值 | 中位数 |
| 全国 | 196283 | 70000 | 161164 | 70000 |
| 城镇 | 286908 | 75000 | 222740 | 69500 |
| 农村 | 99617 | 70000 | 93219 | 70000 |

2. 各类负债规模比较。图 3 – 59 为全国、城镇、农村家庭各类负债所占比重的情况。在全国范围内，家庭各类负债中住房贷款比重最大，为 18.80%，信

用卡负债次之，为13.52%；其他贷款或借款比例最小为2.96%。分城乡考察，城镇家庭中，住房贷款比重最大为23.47%，信用卡贷款次之，为17.21%；农村家庭中，教育贷款比重最大为21%，远大于其他类型负债比例；城镇与农村比较而言，城镇家庭的信用卡贷款与住房贷款的占比均大于农村，城镇家庭主要为住房进行贷款，而农村家庭主要为教育进行贷款。总体来看，全国和城镇家庭中住房贷款所占比重最大，农村家庭为家庭成员教育贷款占比最大，这与当前中国总体社会经济形势相吻合。

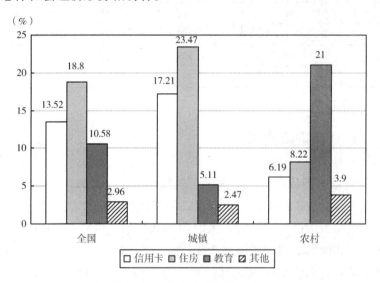

图3-59 各类负债规模比较

# 三、本章小结

## （一）非金融资产

（1）生产经营性资产。在生产经营性资产价值方面，户主学历为本科的家庭生产经营性资产平均价值最高，户主是博士的家庭生产经营性资产平均价值最低，可见户主学历与家庭生产经营性资产平均价值不存在单调关系。从城乡来看，城镇家庭生产经营性资产远高于农村家庭。分地区来看，东部地区家庭生产经营性资产平均价值远远高于中部和西部家庭，而中部和西部家庭生产经营性资产平均价值大体相当。

在生产经营性项目个数方面，就全国而言，城镇家庭生产经营项目平均个数低于农村家庭。就东中西而言，东部地区、中部地区和西部地区家庭生产经营项目平均数呈递减趋势，但是相差不大。在生产经营性项目所属行业方面，家庭生产经营项目所属行业占比从高到低依次为农林牧渔业、批发和零售业、制造业、教育业、居民服务和其他行业、建筑业、国际组织、科学研究技术服务和地质勘查业、信息传输计算机服务和软件业、水利环境和公共设施管理业。

（2）房产（建筑物）。在房产价值方面，家庭居住房产市价在50万~100万元最为普遍。同时，家庭居住房产绝大部分是按揭贷款的。在家庭其他房产情况方面，在全国家庭中，78.1%的家庭表示除住房外不拥有其他房产，由此可见，大部分家庭除住房外不拥有其他房产。

（3）交通工具及耐用品。在家庭拥有的交通工具方面，城镇家庭拥有汽车最为普遍，而农村家庭拥有摩托车的最多。在家庭交通工具总价值方面，从城乡来看，城镇家庭交通工具总价远高于农村家庭。分地区来看，东部地区家庭交通工具总价平均值高于中部和西部家庭。从年龄看，年龄在16~30周岁的户主家庭交通工具总价平均值最高，而年龄在61周岁以上的户主家庭交通工具总价平均值远低于其他年龄层的户主。

在家庭拥有的耐用品方面，城镇家庭拥有电冰箱、冰柜最为普遍，而农村家庭拥有电视机的最多。在家庭耐用消费品总价值方面，从城乡来看，城镇家庭耐用消费品总价远高于农村家庭。分地区来看，东部地区家庭耐用消费品总价平均值高于中部和西部家庭。从年龄看，年龄在46~60周岁的户主家庭耐用消费品总价平均值最高，而年龄在61周岁以上的户主家庭耐用消费品总价平均值远低于其他年龄层的户主。

## （二）金融资产

（1）现金。在现金方面，从城乡来看，城镇居民比农村居民更偏于日常备用现金。分地区来看，东部地区家庭现金高于中部家庭和西部家庭，而中部家庭的现金略高于西部家庭，这说明地区经济发达程度跟家庭常备现金数存在正向关系。从学历来看，户主学历为高中和职高的家中现金数最多，但户主学历与现金数额并不存在单调关系。从年龄来看，户主年龄在46~60周岁的家庭更倾向于储备大量现金，现金额几乎是其他年龄户主的均值之和，而61周岁及以下家中现金最少。

（2）家庭活期存款比例。在活期存款方面，全国大约有 71.10% 的家庭都有活期储蓄。从城乡来看，差距不大。从地区来看，中东部地区家庭活期储蓄倾向相差不大，而西部地区仅有 27.5% 的家庭愿意持有活期储蓄。从年龄来看，户主年龄是 31～45 周岁以及 46～60 周岁的活期存款比例倾向比较高，16～30 周岁的活期储蓄最低。从学历上来说，初中及以下、大专和本科的户主家庭拥有活期储蓄比例都在 72% 左右，而硕士及以上学历的户主仅有 64.1% 的家庭有活期储蓄。

在活期存款余额方面，按城乡来说，农村家庭活期储蓄余额平均值远低于城镇家庭。从地区来看，东部地区家庭活期储蓄余额最高，中部地区次之，西部地区最低，说明地区经济越发达，家庭活期存款账户余额越高。从年龄来看，户主年龄为 61 周岁及以上的活期存款余额大幅度高于其他三个年龄段，户主年龄为 45～60 周岁的最低。家庭活期存款余额数随户主学历高低变化明显，初中及以下学历的户主家庭活期存款储蓄余额最高，硕士及以上学历的户主家庭最低。

（3）家庭定期存款总额。在定期存款方面，从城乡来看，农村家庭定期存款总额远低于城镇家庭。从地区来看，东部家庭定期存款总额远远高于中部和西部，而中部和西部家庭存款总额相差不大。从学历来看，户主学历在硕士及以上的家庭定期存款总额最高，户主学历是高中和职高的家庭定期存款总额最少。从年龄来看，户主年龄在 46～60 周岁的家庭更倾向于较高数额的定期存款，定期存款总额最低是 61 周岁及以上年龄的户主。

（4）家庭网络理财情况。在网络理财方面，从全国范围内看，网络理财工具只有大约半数的人使用，使用频率最高的是支付宝。从城乡来看，这个趋势依旧成立。不过农村家庭比城镇家庭使用微信理财的频率高一些，而城镇比农村使用余额宝的频率高一些。按照地区划分，中、东、西部的趋势几乎完全一样，差别不大。随着户主年龄的提高，家庭使用网络理财工具的比率变低，这说明年轻人更倾向于接受网络理财，而年长者对于网络理财信任度不高。

（5）家庭非人民币金融资产总额。在非人民币金融资产方面，从学历来看，户主学历是硕士及以上的家庭非人民币金融资产总额最高，是其他三个学历段家庭均值的总和，而户主学历是大专和本科的家庭非人民币金融资产最低。从年龄来看，户主年龄在 61 周岁及以下的家庭非人民金融资产均值最低，户主年龄在 46～60 周岁的家庭均值总额最高。

## （三）股票

在股票持有方面，全国大约有 14.26% 的家庭持有股票。从城乡来看，城镇家庭持股比例约是农村家庭的 4 倍；从地区来看，东部家庭持股比例最高，中部次之，西部最低；这说明，经济发展水平越高的地区，家庭持股比例也越高。从年龄看，户主年龄在 46～60 周岁的家庭持有股票的比例最高，户主年龄在 61 周岁及以上的家庭持有股票的比例最低。

在股票账户余额方面，全国拥有股票账户的家庭中，平均每户家庭的股票账户现金余额约为 55185 元。从城乡来看，城镇家庭股票账户余额远高于农村家庭。从地区来看，东、中、西部三个地区家庭股票账户余额的均值逐渐降低，这说明经济发达程度与家庭股票投资准备金存在正向关系。另一方面，从家庭股票账户现金余额分布来看，拥有股票账户的家庭中，有 44.38% 的家庭其股票账户余额在 5000 元以下，账户余额在 10 万元以上的家庭占比低于 15%，说明炒股并不是家庭主要的投资方式，多数炒股家庭属于小户、散户，这也是全国负债炒股家庭比例仅为 4.05% 的原因之一。

炒股收益方面，在目前持有股票的家庭中，所持股票市值在 5000～100000 元的家庭分布相对比较平均，但股票市值在 10 万以上的家庭占比相对较低。2015 年，全国持股家庭的平均持股收益约为 41646 元，城镇持股家庭的平均持股收益高于农村家庭。分地区看，东部地区持股家庭的平均持股收益远高于中西部家庭，中部地区次之，西部最低；说明炒股收益也与经济发达程度存在一定程度的正向关系。但进一步分析发现，目前全国超过一半的炒股家庭处于亏损状态，仅有 19.43% 的家庭在炒股中获得了盈利。从学历来看，初中及以下学历的户主家庭炒股获利的比例仅为 8.00%，高中/职高/中专，大专/本科学历的户主家庭获利的比例约是前者获利比例的 2～2.5 倍。学历为研究生/博士的户主家庭炒股盈利的比例最高，约为 25%，这说明炒股盈利的情况随着学历的变化也存在明显变化。

## （四）债券

在债券持有方面，目前全国仅有 3.02% 的家庭持有债券，且户均持有债券的种类数较少。分城乡来看，城镇家庭中持有债券的比例以及平均每户持有债券的类型均高于农村。分地区来看，东中部家庭持有债券的情况相近，且两地持有债券的比例以及平均每户持有债券的类型均高于西部地区。这说明经济发展越好的地区，持有债券的家庭比例越高，持有债券的种类也越多。

在所持债券类型方面，全国持有债券的家庭中，约82.89%的家庭仅持有一种债券，说明当前我国居民对债券的投资仍然比较单一。从债券类型的分布看，在拥有债券的家庭中，一半以上的家庭持有国债，其次为金融债券，公司债券和地方政府债券在持有债券的家庭中占比相差不大。

在持有债券的收益方面，全国平均每户家庭持有债券面值约为2092.93元，2015年收益为183.25元。分城乡来看，城镇家庭持有债券规模及2015年收益均高于全国平均水平，农村家庭则正好相反。由此可知，我国当前家庭持有债券的水平较低，且城乡差距较大。

## （五）基金

在基金持有方面，全国约有6.55%的家庭持有基金。从城乡来看，城镇家庭基金持有比例远高于农村。从地区来看，东部家庭基金持有比例最高，中部次之，西部最低。这说明当前我国基金持有比例仍然较低，且存在较大的城乡差异与地区差异。从学历来看，家庭基金持有比例随户主学历高低变化明显，总体表现为随着户主学历的提高，持有基金的家庭比例也在不断上升。从年龄来看，户主年龄在31~45周岁和46~60周岁的家庭持有基金的比例最高，户主年龄在61周岁以上的家庭持有基金的比例最低。

在所持基金面值方面，家庭持有基金面值在5000~20000元范围内的最为普遍，占比为32.05%，其次是持有基金面值在5000元以下的家庭，持有基金面值超过10万元的家庭比例相对较低，约占10.90%。在持有基金面值规模方面，全国平均每户家庭持有基金面值为56437元。从城乡来看，城镇家庭持有基金的水平高于农村家庭。分地区来看，东、中、西部地区平均每户家庭持有基金的面值依次降低，且只有东部地区持有基金的面值高于全国平均水平。这说明经济发达程度与家庭持有基金的水平存在正向关系。

在购买基金的资金来源方面，仅有0.61%的家庭选择通过借款购买基金，这反映了当前我国居民投资理念相对保守，购买基金的资金多来源于自有资金。

在基金收益方面，我国持有基金的家庭中，约72.09%的家庭其税后收益在5000元以下，仅有3.10%的家庭其税后收益在5万~10万元。从学历来看，基金税后收益在 5000 元以下的家庭中，户主拥有大学本科学历的最多，其次为大专，初中学历最少；收益位于 5000～20000 元的家庭户主学历分布与前者相似；税后收益超过 2 万元的家庭中，户主学历最低为高中；而税后收益在 5 万～10 万元的家庭中，户主几乎全为研究生学历。这说明随着户主学历的提高，家庭税后基金收益也在递增。

## （六）金融衍生品

在金融衍生品投资方面，我国绝大多数家庭未涉猎金融衍生品投资，仅有 0.18% 的家庭拥有期货，0.76% 的家庭投资权证。这说明当前我国金融衍生品的发展还很落后，居民对于金融衍生品的了解较少或对其信任度较低，这也是未来我国金融行业有待重点发展的领域。

## （七）金融理财产品

在金融理财产品持有方面，全国仅有 7.11% 的家庭拥有银行理财产品，其中 0.72% 的家庭在持有银行理财产品的同时还拥有其他产品，其余 6.39% 的家庭仅拥有银行理财产品。这说明我国拥有金融理财产品的家庭占比较低，且持有的金融理财产品种类单一。从城乡来看，城镇持有银行理财产品的家庭占比远高于农村。从学历来看，持有银行理财产品的家庭占比随着户主学历高低而变化，但户主学历与银行理财产品持有比例并不存在单调关系。户主学历为博士的家庭中持有银行理财产品的占比最高，户主学历为高中/中专/职高的家庭次之。

在银行理财产品投资方面，目前拥有银行理财产品的家庭中，43.54% 的家庭投入资金为 10 万～50 万元，其次为投入 5 万～10 万元的家庭。投入资金在 5000～20000 元的家庭与 2 万～5 万元以内的家庭占比相差不大。另一方面，持有的银行理财产品现值在 10 万～50 万元的家庭占比最高，其次是 5000～20000 元的家庭。总体来看，家庭在银行理财产品方面的资金投入分布与家庭所持有的银行理财产品现值分布相近。

在金融理财产品收益方面，持有金融理财产品的家庭中，约 76.97% 的家庭 2015 年在此项投资中获得的税后收入在 2 万元以下，仅有 5.56% 的家庭其税后收入在 5 万～20 万元，且没有家庭获得 20 万元以上的税后收入。

在金融理财产品投资的资金来源方面，仅有 2.48% 的家庭使用了借款，绝大多数家庭用于金融理财产品的资金为自有资金。

## （八）黄金

在黄金财富方面，全国仅有 8.63% 的家庭进行黄金投资。分城乡来看，城镇家庭中持有黄金的比例高于农村家庭。从学历来看，博士学历的户主家庭持有黄金的比例最高，为 14.29%，硕士、大学本科与大专学历的户主家庭持有黄金的比例相差不大，户主学历与家庭持有黄金的比例并不存在显著的单调关系。

在购买黄金的资金投入方面，持有黄金的家庭中，家庭购买黄金的资金投入在 5000~20000 元的最为普遍，其次为 2 万~5 万元的投入，仅有 1.92% 的家庭对黄金的投资超过了 20 万元。此外，家庭所持有黄金市值与购买黄金投入资金的分布十分相近。从购买黄金的资金来源看，仅有 3.76% 的家庭在购买黄金的过程中使用了借款，这说明当前我国家庭在黄金投资上是十分谨慎的。

在黄金投资收益方面，持有黄金的家庭中，2015 年黄金投资的税后收入在 5000 元以下的家庭占比最高，其次为税后收入在 5000~20000 元的家庭，尚未有家庭黄金投资的税后收入达到 20 万元以上。从黄金投资的税后收入均值来看，当前我国黄金投资的税后收入水平仍然较低。

## （九）借出款

在借出款方面，全国 38.5% 的家庭有借出款。从城乡来看，城镇家庭拥有借出款的比例低于农村家庭。从年龄看，户主年龄在 31~45 周岁的家庭其借出款比例最高，其次为户主年龄在 46~60 周岁的家庭，户主年龄在 61 周岁及以上的家庭借出款比例最低。从学历来看，户主学历为大学本科的家庭平均每户借出款额最大，但户主学历为初中的家庭拥有借出款的比例最高。总体表现为平均每户家庭借出款额随户主学历的提升而增加，但拥有借出款的家庭占比与学历没有明显的关系。从户主月净收入来看，户主月净收入与家庭借出款额均值及家庭拥有借出款比例均存在正向关系，即月净收入越高的户主家庭，其借出款额、拥有借出款比例也越大。

在借出款规模方面，从全国范围来看，平均每户家庭借出款总额为 83679

元，净额为 65557 元。从城乡来看，城镇家庭中平均每户家庭的借出款总额、借出款净额均高于农村家庭。

## （十）其他负债

债的银行贷款方面，全国约 7.11% 的家庭因成员教育进行了银行贷款。从城乡来看，农村家庭因成员教育而进行银行贷款的比例远大于城镇家庭，农村家庭中平均每户银行贷款总额同样大于城镇家庭，这说明收入水平越低的家庭，因成员教育进行银行贷款的倾向越大。但从银行贷款净额来看，城镇家庭要高于农村家庭，这可能与城镇居民与农村居民的消费习惯有关。

在因教育而向他人或其他机构借款方面，全国约 4.71% 的家庭因成员教育而向他人或其他机构借款。在拥有他人或其他机构借款的家庭中，农村家庭占比高于城镇家庭。在借款规模方面，全国平均每户家庭因教育向他人或其他机构借款的借款总额为 37559 元，净额为 25952 元。分城乡来看，平均每户城镇家庭因教育向他人或其他机构借款的借款总额、借款净额均高于农村家庭。将"向他人或其他机构借款"情况与"银行贷款"相比较，发现我国家庭向他人与其他机构借款的额度更大。

在教育负债的来源方面，只进行银行贷款的家庭比例最高，其次为只向他人与其他机构借款的家庭，同时拥有这两类借款的家庭仅占 7.32%。综上可知，在教育方面我国家庭更加倾向于向银行进行借款，这可能与当前我国实施的国家助学贷款政策有关。

## （十一）信用卡

在信用卡方面，全国约一半的家庭在使用信用卡消费。从城乡来看，城镇家庭中使用信用卡的比例远高于农村家庭。这说明信用卡在经济发展较好的地区推广度更高。

在信用卡使用方面，全国平均每户家庭的信用额度为 90120 元，月均消费为 9307 元，欠款为 10768 元。从城乡来看，相比农村家庭，城镇家庭的信用卡额度大、消费多，但欠款相对较少。

## （十二）其他贷款或借款

在其他形式贷款或借款（除住房、教育、信用卡以外的贷借款）方面，全国平均每户家庭拥有的其他贷款或借款总额为 196283 元，净额为 161164 元，但两者均约是其相应中位数的两倍，这说明不同家庭所拥有的其他贷款或借款的差异较大。从城乡来看，城镇家庭平均每户拥有的其他贷款或借款总额、净额均远高于农村，但相比城镇家庭，农村家庭所拥有的其他贷款或借款差异较小。

综合分析各类负债，从全国范围来看，住房贷款在家庭负债中所占比重最大，其次是信用卡负债，其他贷款或借款的比例最小。从城乡来看，城镇家庭拥有住房贷款最为普遍，其次为信用卡负债，而农村家庭中教育贷款所占比重最大。

# 第四章

# 家庭消费

本章分别从家庭日常消费支出，家庭非日常消费支出，家庭文娱、医疗及服务性消费支出，家庭消费特征，家庭消费行为，家庭消费观念 6 个方面对中国 2016 年家庭消费进行分析，为进一步认识中国居民家庭消费相关情况提供新的数据支持。

## 一、家庭日常消费支出

### （一）家庭平均日常消费

1. 学历与家庭平均日常消费支出。由图 4-1 可知，从户主学历来看，户主为硕士及以上学历的家庭平均日常消费最高，达到 77636.04 元，第二位是户主学历为大

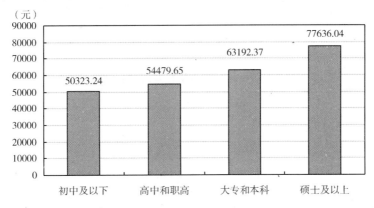

**图 4-1 学历与家庭平均日常消费**

专及本科的家庭，家庭平均日常消费达到63192.37元，第三位是户主学历为高中及职高的家庭，家庭平均日常消费为54479.65元，而家庭平均日常消费最低的是户主学历为初中及以下的家庭，仅为50323.24元。不难看出，户主学历越高的家庭，家庭平均日常消费越高，说明户主学历与家庭平均日常消费存在着单调递增关系。

2. 区位与家庭平均日常消费支出。由图4-2和表4-1可知，从城乡来看，户主为农村户籍的家庭平均日常消费为40777.17元，与全国家庭平均日常消费比值为77.35%，而城镇家庭平均消费支出59635.33元，与全国家庭平均日常消费的比值为113.12%，农村消费水平远远低于城镇。而从东、中、西部地区来看，东、中、西部家庭平均日常消费分别为66577.89元、47955.57元和46868.23元。从中明显可以看出，东部家庭平均日常消费支出高于中部和西部，而中部和西部家庭平均日常消费支出大体相当，西部略微低于中部。

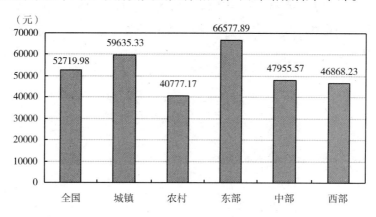

**图4-2 区位与家庭平均日常消费**

注：东部地区包括北京、天津、河北、辽宁、上海、江苏、浙江、福建、山东、广东和海南等11个省（市）；中部地区包括山西、吉林、黑龙江、安徽、江西、河南、湖北、湖南等8个省（区）；西部地区包括四川、贵州、云南、西藏、陕西、甘肃、青海、宁夏、新疆、重庆、内蒙古、广西等12个省（区）。

表4-1 按区位划分的家庭平均日常消费及比重

| 区位 | 家庭日常平均消费支出（元） | 与全国家庭平均消费支出之比（%） |
|---|---|---|
| 全国 | 52719.98 | 100.00 |
| 城镇 | 59635.32 | 113.12 |
| 农村 | 40777.17 | 77.35 |
| 东部 | 66577.89 | 126.29 |
| 中部 | 47955.57 | 90.96 |
| 西部 | 46868.23 | 88.90 |

3. 年龄与家庭平均日常消费支出。如图 4-3 所示，从户主年龄来看，年龄在 16～30 周岁的户主家庭平均日常消费最高，为 55027.02 元；其次是户主年龄在 46～60 周岁的家庭，略低于 16～30 周岁的户主家庭，为 54289.09 元；第三位是户主年龄为 31～45 周岁的家庭，为 50117.88 元；最低的是 61 周岁及以上的户主家庭，其家庭平均日常消费支出为 33297.55 元。

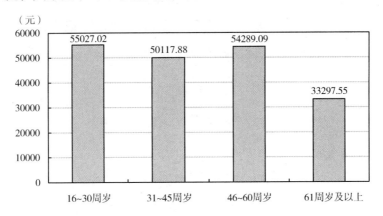

图 4-3　年龄与家庭平均日常消费

4. 社保与家庭平均日常消费支出。从图 4-4 和图 4-5 来看，无论是从全国、农村、城镇来看，还是从东、中、西部地区来看，有保险的家庭平均日常消费支出普遍高于没有保险的家庭，其中，城市高于全国和农村，东部高于中

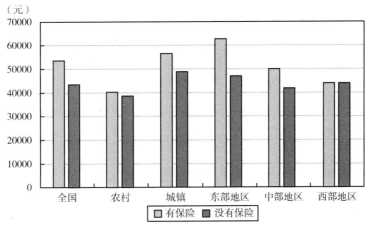

图 4-4　社保与家庭平均日常消费

注：社会保险包括养老保险、医疗保险、失业保险、工伤保险和生育保险。

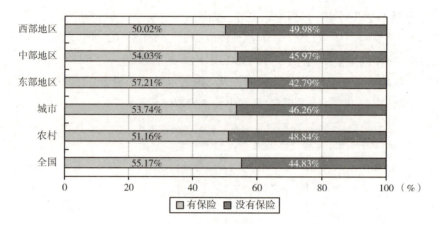

图4-5　社保与家庭平均日常消费

部和西部。结合表4-2综合来看，东部地区有保险的家庭平均日常消费最高，达到62808.21元，其次为城市有保险的家庭，达到56805.45元，而家庭平均日常消费最低的是没有保险的农村家庭，仅为38869.84元。由此可见，保险对于家庭平均日常消费具有一定的推动作用。

表4-2　　　　　　　　按区位划分的社保与家庭平均日常消费情况　　　　　单位：元

| 项目 | 有保险 | 没有保险 |
| --- | --- | --- |
| 全国 | 54003.14 | 43876.28 |
| 农村 | 40712.51 | 38869.84 |
| 城市 | 56805.45 | 48902.63 |
| 东部地区 | 62808.21 | 46985.72 |
| 中部地区 | 49926.26 | 42475.40 |
| 西部地区 | 44202.64 | 44171.39 |

## （二）家庭消费结构

1. 家庭日常消费结构。从图4-6可知，目前，我国家庭日常消费排在前三位的是食物（包括外卖）、房租和衣物，其中家庭食物（包括外卖）平均消费支出占比高达41%，家庭房租平均消费支出占比21%，其次为衣物，比重为14%。第四位是家庭在交通上的平均消费支出，比重为12%。第五位是家庭在烟酒上的平均消费支出，比重为7%。占比最低的是家庭在通信上的平均消费支出，比重仅为5%。

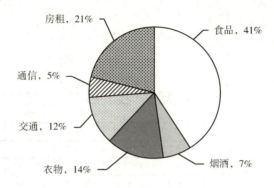

**图4-6　家庭日常消费支出各项比重**

注：房租根据问卷上月受访者月租均已置换为年租，下同。

2. 学历与家庭日常消费结构。如图4-7所示，从户主学历来看，户主学历不同的家庭在食物支出上差别基本不大。户主学历为硕士及以上的家庭略高于户主学历为高中和职高、大专和本科以及初中及以下的家庭，而户主学历为高中和职高以及大专和本科的家庭在食物消费支出上基本持平。而无论户主为何种学历的家庭，在烟酒类和通信类消费支出上基本差别不大，仅户主学历为硕士及以上的家庭在烟酒类略低于户主学历为本科以下的家庭。此外，就衣物和交通方面而言，户主学历越高的家庭，在衣物和交通方面平均消费支出越高。相对而言，户主学历不同的家庭房租平均消费支出差别较大，其中，户主学历为硕士及以上的家庭房租平均消费支出最高，为19200.00元，而户主学历为高中和职高的家庭房租平均消费支出最低，仅为9711.72元，户主学历为初中及以下和大专、本科的家庭房租平均消费支出基本相同。

3. 区位与家庭日常消费结构。由图4-8可知，从城乡来看，城镇家庭无论是在食物（包括外卖）、烟酒、衣物，还是在交通、通信、房租方面，平均消费支出均高于农村家庭。但是从东、中、西部地区来看，东部地区家庭在衣物、交通和房租方面平均消费支出普遍高于中部地区和西部地区，分别为9659.84元、10538.49元、8529.33元。此外，东部地区家庭和中部地区家庭以及西部地区家庭在烟酒和通信方面平均消费支出大体相当。综合来看，城镇家庭和东部地区家庭日常平均消费和其他地区相较而言依然相对较高。

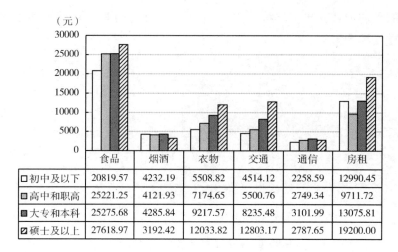

（元）

| | 食品 | 烟酒 | 衣物 | 交通 | 通信 | 房租 |
|---|---|---|---|---|---|---|
| □ 初中及以下 | 20819.57 | 4232.19 | 5508.82 | 4514.12 | 2258.59 | 12990.45 |
| ▨ 高中和职高 | 25221.25 | 4121.93 | 7174.65 | 5500.76 | 2749.34 | 9711.72 |
| ▦ 大专和本科 | 25275.68 | 4285.84 | 9217.57 | 8235.48 | 3101.99 | 13075.81 |
| ▧ 硕士及以上 | 27618.97 | 3192.42 | 12033.82 | 12803.17 | 2787.65 | 19200.00 |

**图 4 – 7　学历与家庭平均日常消费**

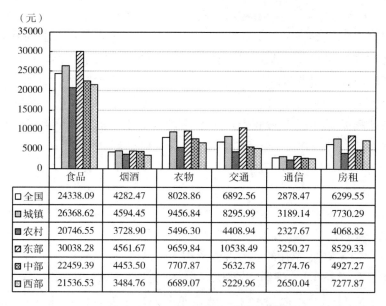

（元）

| | 食品 | 烟酒 | 衣物 | 交通 | 通信 | 房租 |
|---|---|---|---|---|---|---|
| □ 全国 | 24338.09 | 4282.47 | 8028.86 | 6892.56 | 2878.47 | 6299.55 |
| ▨ 城镇 | 26368.62 | 4594.45 | 9456.84 | 8295.99 | 3189.14 | 7730.29 |
| ▦ 农村 | 20746.55 | 3728.90 | 5496.30 | 4408.94 | 2327.67 | 4068.82 |
| ▧ 东部 | 30038.28 | 4561.67 | 9659.84 | 10538.49 | 3250.27 | 8529.33 |
| ▨ 中部 | 22459.39 | 4453.50 | 7707.87 | 5632.78 | 2774.76 | 4927.27 |
| □ 西部 | 21536.53 | 3484.76 | 6689.07 | 5229.96 | 2650.04 | 7277.87 |

**图 4 – 8　区位与家庭平均日常消费**

　　4. 年龄与家庭日常消费结构。如图 4 – 9 所示，从年龄上来看，户主年龄为 40～60 周岁的家庭在食物（包括外卖）上消费支出最高，均值为 26552.16 元；其次是户主年龄为 16～30 周岁的家庭，平均消费支出是 24481.28 元；第三位是户主年龄在 31～45 周岁的家庭，为 22428.47 元；在食物上平均消费支出最低的为户主年龄在 61 周岁以上的家庭，仅为 20102.65 元。户主年龄为 16 ~ 30 周岁的家庭在衣物、交通、通信、房租平均消费支出方面均高于其他年龄段的户主家庭，分别为 9003.50 元、6877.86 元、2951.89 元和 7444.67 元。家庭房租平均消费支出随着户主年龄段的增加而呈现出逐步降低趋势，其中，户主年龄在 61 周岁以上的家庭平均房租消费支出为 3000.00 元。

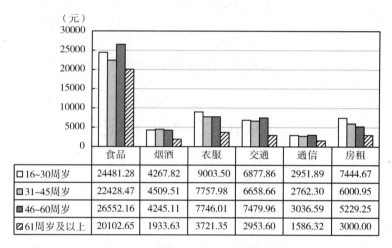

| （元） | 食品 | 烟酒 | 衣服 | 交通 | 通信 | 房租 |
|---|---|---|---|---|---|---|
| □ 16~30周岁 | 24481.28 | 4267.82 | 9003.50 | 6877.86 | 2951.89 | 7444.67 |
| ▨ 31~45周岁 | 22428.47 | 4509.51 | 7757.98 | 6658.66 | 2762.30 | 6000.95 |
| ■ 46~60周岁 | 26552.16 | 4245.11 | 7746.01 | 7479.96 | 3036.59 | 5229.25 |
| ▨ 61周岁及以上 | 20102.65 | 1933.63 | 3721.35 | 2953.60 | 1586.32 | 3000.00 |

**图 4 - 9　年龄与家庭平均日常消费**

5. 购房意愿。由图 4 - 10 可以看出，受访家庭上个月（以受访者接受访问时间为参考依据）非在外租房的家庭占比为 93%，在外租房的为 7%，而在这 7% 的受访家庭中，2% 的受访家庭没有购房意愿，5% 有购房意愿。此外，根据图 4 - 11 可以看出，有购房打算却仍在外租房的受访家庭中，79% 的家庭是由于首付不足，其余 21% 的家庭是由于无法贷款。

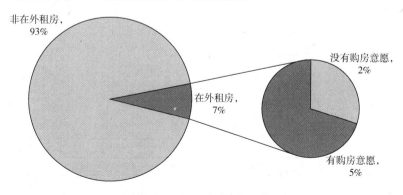

**图 4 - 10　购房意愿**

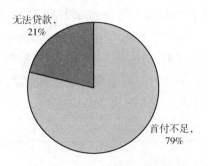

图4-11 没有购房意愿原因

# 二、家庭非日常消费支出

## （一）家庭平均非日常消费

1. 学历与家庭平均非日常消费支出。如图4-12所示，家庭平均非日常消费支出最低的是户主学历为初中及以下家庭，均值为84492.24元，最高的是户主学历为硕士及以上家庭，均值为378726.85元。而户主学历为高中和职高，大专和本科的家庭平均非日常消费支出基本差别不大，分别为125586.08元和126967.79元。由此可见，户主学历和家庭平均非日常消费支出存在一定的正向关系。

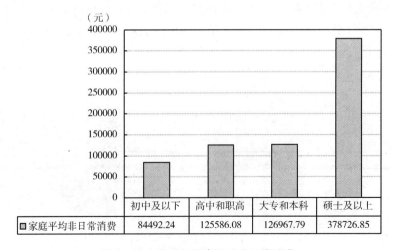

| | 初中及以下 | 高中和职高 | 大专和本科 | 硕士及以上 |
|---|---|---|---|---|
| 家庭平均非日常消费 | 84492.24 | 125586.08 | 126967.79 | 378726.85 |

图4-12 学历与家庭平均非日常消费

2. 区位与家庭平均非日常消费支出。由图4－13可知，从城乡来看，城镇与农村家庭平均非日常消费差距十分明显，其中，农村家庭非日常平均消费为80994.80元，而城镇家庭平均非日常消费支出为158593.52元，接近农村的2倍。分地区来看，东、中、西部地区家庭平均非日常消费支出依次呈递减趋势，东部地区家庭为189911.97元，中部地区家庭为117743.30元，而西部地区家庭为90847.51元，仅为东部地区家庭均值的1/2。

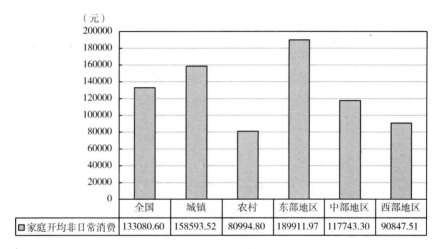

| （元） | 全国 | 城镇 | 农村 | 东部地区 | 中部地区 | 西部地区 |
|---|---|---|---|---|---|---|
| 家庭开均非日常消费 | 133080.60 | 158593.52 | 80994.80 | 189911.97 | 117743.30 | 90847.51 |

图4－13　区位与家庭平均非日常消费

3. 年龄与家庭平均非日常消费支出。由图4－14可知，户主年龄为16～30周

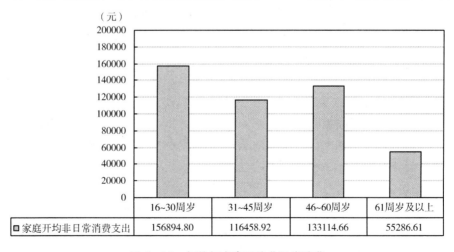

| （元） | 16~30周岁 | 31~45周岁 | 46~60周岁 | 61周岁及以上 |
|---|---|---|---|---|
| 家庭开均非日常消费支出 | 156894.80 | 116458.92 | 133114.66 | 55286.61 |

图4－14　年龄与家庭平均非日常消费

岁的家庭非日常消费支出最高，均值为 156894.8 元。其次为户主年龄为 46～60 周岁的家庭，非日常消费支出均值为 133114.66 元。第三位是户主年龄为 31～45 周岁的家庭，非日常消费支出均值为 116458.92 元。而平均非日常消费支出最低的为户主年龄在 61 周岁以上家庭，均值为 55286.61 元。

## （二）家庭非日常消费结构

1. 家庭非日常消费结构。由图 4－15 可知，目前，我国家庭非日常消费中，房屋消费支出占比为 51%，奢侈品消费支出占比为 18%，交通工具占比为 12%，旅游占比为 5%，家具电器和非储蓄型保险分别占比为 4%，网上购物和孝敬父母分别占比 3%。由此可见，房屋消费支出目前是我国家庭非日常消费的主要组成部分。

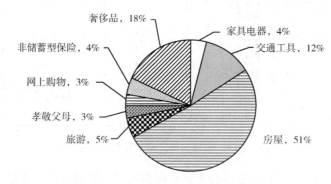

**图 4－15　家庭非日常消费支出各项比重**

注：奢侈品数据有效样本偏少，相关数据分析仅供参考。

2. 学历与家庭非日常消费结构。由图 4－16 可知，户主学历为初中及以下的家庭中，除奢侈品消费支出高于户主学历为高中到本科段，均值为 24781.65 元，其他非日常消费均值普遍低于户主学历为高中及以上家庭。户主学历为高中和职高的家庭在房屋消费支出达到 80697.64 元，超过其他非日常消费支出总和。户主学历为大专和本科的家庭除了房屋消费平均支出为 59913.13 元，其他非日常消费支出均低于 20000 元。户主学历为硕士及以上的家庭奢侈品消费达到 168500 元，远远超过其他学历家庭奢侈品消费支出。

3. 年龄与家庭非日常消费结构。从图 4－17 可以看出，无论是户主年龄在哪个区间段的家庭，与其他非日常消费相较而言，其在房屋消费支出上都是最高的。其中，户主年龄在 46～60 周岁的家庭房屋消费支出达到 76775.86 元，户主年龄在 16～30 周岁和 31～45 周岁的家庭在房屋消费支出上比较接近，均值在

60000～70000 元。户主年龄在 61 周岁以上的家庭在房屋消费支出方面相对较少，均值为 31645.90 元。无论户主是哪个年龄段的家庭，在家具、旅游、网上购物和孝敬父母等非日常消费支出方面差别都不大，均在 5000 元左右。从奢侈品消费来看，随着年龄的增长，消费支出降低，其中，户主为 16～30 周岁的家庭奢侈品消费支出明显高出户主为其他年龄段的家庭。

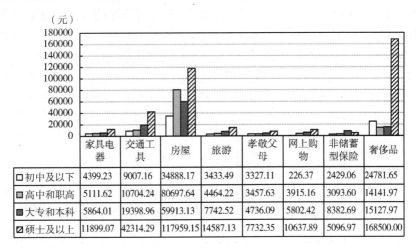

| （元） | 家具电器 | 交通工具 | 房屋 | 旅游 | 孝敬父母 | 网上购物 | 非储蓄型保险 | 奢侈品 |
| --- | --- | --- | --- | --- | --- | --- | --- | --- |
| □初中及以下 | 4399.23 | 9007.16 | 34888.17 | 3433.49 | 3327.11 | 226.37 | 2429.06 | 24781.65 |
| ■高中和职高 | 5111.62 | 10704.24 | 80697.64 | 4464.22 | 3457.63 | 3915.16 | 3093.60 | 14141.97 |
| ■大专和本科 | 5864.01 | 19398.96 | 59913.13 | 7742.52 | 4736.09 | 5802.42 | 8382.69 | 15127.97 |
| ▨硕士及以上 | 11899.07 | 42314.29 | 117959.15 | 14587.13 | 7732.35 | 10637.89 | 5096.97 | 168500.00 |

**图 4 - 16　学历与家庭平均非日常消费**

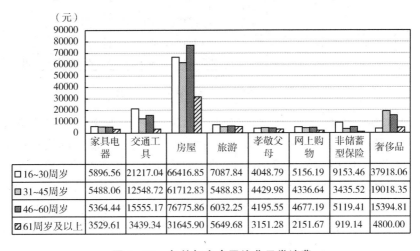

| （元） | 家具电器 | 交通工具 | 房屋 | 旅游 | 孝敬父母 | 网上购物 | 非储蓄型保险 | 奢侈品 |
| --- | --- | --- | --- | --- | --- | --- | --- | --- |
| □16~30周岁 | 5896.56 | 21217.04 | 66416.85 | 7087.84 | 4048.79 | 5156.19 | 9153.46 | 37918.06 |
| ■31~45周岁 | 5488.06 | 12548.72 | 61712.83 | 5488.83 | 4429.98 | 4336.64 | 3435.52 | 19018.35 |
| ■46~60周岁 | 5364.44 | 15555.17 | 76775.86 | 6032.25 | 4195.55 | 4677.19 | 5119.41 | 15394.81 |
| ▨61周岁及以上 | 3529.61 | 3439.34 | 31645.90 | 5649.68 | 3151.28 | 2151.67 | 919.14 | 4800.00 |

**图 4 - 17　年龄与家庭平均非日常消费**

4. 区位与家庭非日常消费结构。从图 4 - 18 可知，从城乡来看，农村家庭非日常消费各个方面都与城镇家庭有着巨大差距。其中，城镇家庭房屋消费支出和网上购物以及奢侈品消费支出分别为 82435.86 元、5601.21 元和 25600.73 元，均接近农村家庭的 2 倍；城镇家庭家具电器消费支出均值为 6110.24 元，接近农村家庭的 1.5 倍；城镇家庭旅游消费支出和非储蓄型保险均值分别为 8080.54 元、7632.37 元，高于农村家庭近 3 倍。分地区来看，东部地区家庭各项非日常消费支出均值普遍超过中部和西部地区家庭。此外，除了家具电器、房屋和奢侈品外，西部地区家庭在交通工具、旅游、孝敬父母、非储蓄型保险等各项非日常消费支出均已略微超过中部地区家庭。由此可知，东部地区家庭非日常消费支出依然领先，但中、西部地区家庭非日常消费支出差距正在逐步缩小。

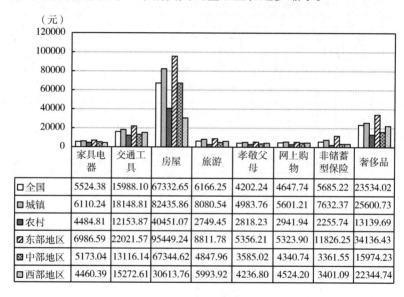

| （元） | 家具电器 | 交通工具 | 房屋 | 旅游 | 孝敬父母 | 网上购物 | 非储蓄型保险 | 奢侈品 |
|---|---|---|---|---|---|---|---|---|
| □全国 | 5524.38 | 15988.10 | 67332.65 | 6166.25 | 4202.24 | 4647.74 | 5685.22 | 23534.02 |
| ▦城镇 | 6110.24 | 18148.81 | 82435.86 | 8080.54 | 4983.76 | 5601.21 | 7632.37 | 25600.73 |
| ■农村 | 4484.81 | 12153.87 | 40451.07 | 2749.45 | 2818.23 | 2941.94 | 2255.74 | 13139.69 |
| ▨东部地区 | 6986.59 | 22021.57 | 95449.24 | 8811.78 | 5356.21 | 5323.90 | 11826.25 | 34136.43 |
| ▩中部地区 | 5173.04 | 13116.14 | 67344.62 | 4847.96 | 3585.02 | 4340.74 | 3361.55 | 15974.23 |
| ▤西部地区 | 4460.39 | 15272.61 | 30613.76 | 5993.92 | 4236.80 | 4524.20 | 3401.09 | 22344.74 |

**图 4-18　区位与家庭平均非日常消费**

5. 就业预期与家庭非日常消费结构。从图 4-19 可以看出，对于就业持乐观态度的家庭，在房屋和旅游以及非储蓄型保险上消费支出占的比重较高，分别为 41.69%、21.43% 和 11.27%。此外，对就业持一般态度的家庭，房屋消费占比为 50.15%，交通工具消费占比为 18.16%。然而，认为就业市场不太理想的家庭中，奢侈品消费占据比重高达 58.94%，房屋消费占比为 23.77%。由此可见，无论对于就业市场持何种态度，从目前来看，房屋消费已成为家庭非日常消费支出的主要部分。

6. 奢侈品消费情况。从图 4-20 可以看出，92% 的家庭未购买奢侈品，8% 的家庭购买了奢侈品，其中 5% 的家庭购买奢侈品自己消费，2% 的家庭购买奢侈品是为了人情送礼，其余 1% 的家庭购买奢侈品是作为他用。

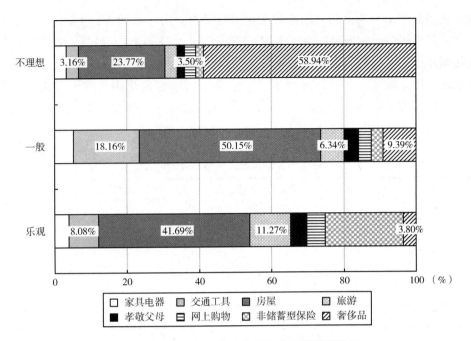

图 4-19 就业预期与家庭平均非日常消费比重

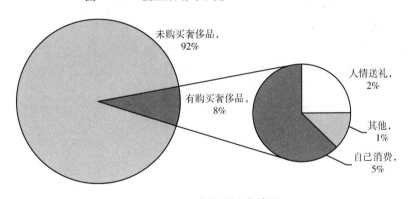

图 4-20 奢侈品消费情况

# 三、家庭文娱、医疗及服务性消费支出

## (一)家庭文娱消费支出

1. 家庭文化用品支出。由表 4-3 可知,从城乡来看,户主为农村户籍的家庭文化用品支出平均值与全国家庭文化用品平均支出之比为34.41%，城镇家庭文化用品支出与全国家庭文化用品平均支出之比为68.98%，另外，农村家庭的文化用品平均支出约为城镇家庭的1/2，由此可见，农村家庭在文化用品支出方面远远落后于城镇家庭。从地区来看，东部地区家庭文化用品支出平均值与全国家庭之比为280.96%，远远高于中部和西部家庭，中部和西部家庭文化用品支出平均值与全国家庭之比分别是15.17%和33.09%。

表4-3　　　　　　　　　按区位划分的家庭文化用品支出情况

| 区位 | 家庭文化用品支出平均值（元） | 与全国平均文化支出之比（%） |
| --- | --- | --- |
| 全国 | 6977.56 | 100.00 |
| 农村 | 2400.82 | 34.41 |
| 城镇 | 4813.26 | 68.98 |
| 东部 | 19603.81 | 280.96 |
| 中部 | 1058.44 | 15.17 |
| 西部 | 2308.68 | 33.09 |

　　如图4-21所示，从户主的学历来看，户主学历为硕士的家庭文化用品支出最高，户主学历为小学和大学本科的大体相当，户主学历为博士的家庭文化用品支出排在第四位，第五位是户主学历为中专的家庭，第六位是户主学历为高中的家庭。从整体来看，户主学历与家庭文化用品支出不存在单调关系。

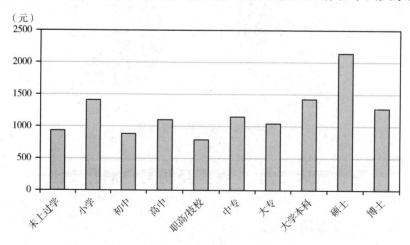

图4-21　按教育程度划分的家庭文化用品支出情况

2. 娱乐支出。由图4－22可知，从户主学历来看，户主学历为本科的家庭娱乐支出平均值最高，户主学历为硕士的家庭次之，户主学历为小学的家庭娱乐支出平均值排在第三位，第四位是户主为博士学历的家庭。由此可知，较高学历的家庭在娱乐支出上高于学历较低的家庭。

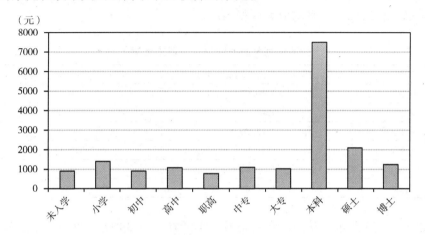

**图4－22 教育程度与家庭娱乐支出平均值**

由表4－4可知，从城乡来看，户主为农村户籍的家庭娱乐平均支出与全国家庭娱乐平均支出之比为31.38%，城镇家庭娱乐平均支出与全国家庭娱乐平均支出之比为138.78%，而农村家庭的娱乐支出平均值约为城镇家庭的1/5，由此可见，农村家庭的娱乐支出远远低于城镇家庭。从地区来看，东部地区家庭娱乐支出平均值与全国家庭的比值为398.04%，中部和西部家庭娱乐平均支出大体相当，都远远落后于东部地区家庭。

表4－4　　　　　　　　　　　按区位划分的家庭娱乐支出情况

| 区位 | 家庭娱乐支出平均值（元） | 与全国平均娱乐支出之比（%） |
| --- | --- | --- |
| 全国 | 3468.91 | 100.00 |
| 农村 | 1088.68 | 31.38 |
| 城镇 | 4814.26 | 138.78 |
| 东部 | 13807.75 | 398.04 |
| 中部 | 1137.87 | 32.80 |
| 西部 | 1319.67 | 38.04 |

3. 教育培训支出。由表4－5可知，从城乡来看，户主为农村户籍的家庭教

育培训支出平均值是全国家庭的 31.4%，城镇家庭教育培训支出是全国家庭的 138.77%，而农村家庭的教育培训支出平均值只有城镇家庭的 22.63%，由此可见，城镇家庭教育培训支出远远高于农村家庭。从地区来看，东部地区家庭教育培训支出平均值占全国家庭的 282.98%，远远高于中部和西部家庭。中部和西部家庭教育培训支出平均值大体相当。

表 4-5　　　　　　　　　按区位划分的家庭教育培训支出情况

| 区位 | 教育培训支出平均值（元） | 与全国平均教育支出之比（%） |
|---|---|---|
| 全国 | 3469.91 | 100.00 |
| 农村 | 1089.68 | 31.40 |
| 城镇 | 4815.26 | 138.77 |
| 东部 | 9819.03 | 282.98 |
| 中部 | 1060.44 | 30.56 |
| 西部 | 1158.68 | 33.39 |

如图 4-23 所示，从户主年龄来看，年龄在 16~30 周岁的户主家庭教育培训支出平均值最高，为 1455.23 元，46~60 周岁、31~45 周岁的户主家庭教育培训支出平均值依次为 1274.76 元和 1075.11 元，而年龄在 61 周岁以上的户主，家庭教育培训支出平均值最低，仅为 813.53 元。

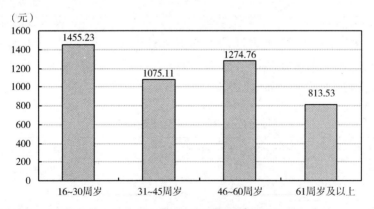

图 4-23　按年龄划分的家庭教育培训支出情况

## （二）医疗消费支出

1. 医疗支出。如图 4-24 所示，从户主年龄来看，年龄在 46~60 周岁的户主家庭医疗支出平均值最高, 为 7779.36 元, 16~30 周岁、31~45 周岁的家庭医疗支出平均值依次为 1702.37 元和 1189.42 元, 而年龄在 61 周岁以上的户主中, 家庭医疗支出平均值最低, 仅为 815.53 元。

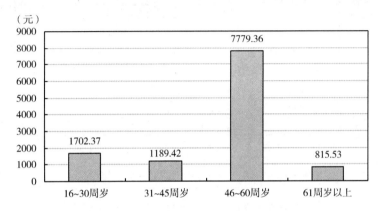

图 4－24　户主年龄与家庭医疗支出平均值

由表 4－6 可知, 从城乡来看, 户主为农村户籍的家庭医疗支出平均值是全国家庭的 34.42%, 城镇家庭医疗支出是全国家庭的 138.76%, 而农村家庭的医疗支出平均值只有城镇家庭的 22.65%, 由此可见, 城镇家庭医疗支出远远高于农村家庭。从地区来看, 东部地区家庭医疗支出平均值占全国家庭的 282.92%, 远远高于中部和西部家庭。中部和西部家庭医疗支出平均值分别是 30.58% 和 33.41%。

表 4－6　　　　　　　　　按区位划分的家庭医疗支出情况

| 区位 | 医疗支出平均值（元） | 与全国平均医疗支出之比（%） |
|---|---|---|
| 全国 | 3470.91 | 100.00 |
| 农村 | 1090.68 | 34.42 |
| 城镇 | 4816.26 | 138.76 |
| 东部 | 9820.03 | 282.92 |
| 中部 | 1061.44 | 30.58 |
| 西部 | 1159.68 | 33.41 |

2. 保健支出。如图 4－25 所示, 从户主年龄来看, 年龄在 46~60 周岁的户主家庭保健支出平均值最高为 7779.36 元, 16~30 周岁、31~45 周岁的户主家庭保健支出平均值依次为 1702.37 元和 1189.42 元, 而年龄在 61 周岁以上的户

主中，家庭保健支出平均值最低仅为815.53元。

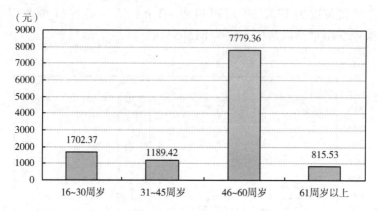

**图4-25　户主年龄与家庭保健支出**

由表4-7可知，从城乡来看，户主为农村户籍的家庭保健平均支出与全国家庭保健平均支出之比为87.08%，城镇家庭保健平均支出与全国家庭之比为107.3%，与其他各项消费相比，在保健消费支出方面，农村家庭与城镇家庭差距不大。从地区来看，东部地区家庭保健平均支出与全国家庭保健平均支出之比为134.79%，中部和西部家庭保健支出平均值分别是84.75%和92.25%，低于东部地区。

**表4-7　　　　　　　　　按区位划分的家庭保健支出情况**

| 区位 | 家庭保健平均支出（元） | 与全国家庭保健支出之比（%） |
|---|---|---|
| 全国 | 1253.61 | 100.00 |
| 农村 | 1091.68 | 87.08 |
| 城镇 | 1345.13 | 107.30 |
| 东部 | 1689.76 | 134.79 |
| 中部 | 1062.39 | 84.75 |
| 西部 | 1156.41 | 92.25 |

## （三）服务性消费支出

由表4-8可知，从城乡来看，户主为农村户籍的家庭服务性消费平均支出与全国家庭服务性消费平均支出的比值为 31.46%，城镇家庭服务性消费支出与全国家庭的比值为 138.74%，而农村家庭的教育培训支出平均值只有城镇家庭的 1/5，由此可见，城镇家庭服务性消费支出远远高于农村家庭。从地区来看，东部地区家庭服务性消费平均支出与全国家庭平均支出之比为 282.82%，中部和西部家庭服务性消费支出平均值大体相当，均落后于东部地区家庭。

表 4-8　　　　　　　　　按区位划分的家庭服务性支出情况

| 区位 | 服务性支出平均值（元） | 与全国平均服务性支出之比（%） |
| --- | --- | --- |
| 全国 | 3472.91 | 100.00 |
| 农村 | 1092.68 | 31.46 |
| 城镇 | 4818.26 | 138.74 |
| 东部 | 9822.03 | 282.82 |
| 中部 | 1063.44 | 30.62 |
| 西部 | 1161.68 | 33.45 |

　　如图 4-26 所示，从户主年龄来看，年龄在 16~30 周岁的户主家庭服务性支出平均值最高为 1458.22 元，46~60 周岁、31~45 周岁的户主家庭服务性支出平均值依次为 1277.76 元和 1078.11 元，而年龄在 61 周岁以上的户主中，家庭服务性支出平均值最低仅为 816.53 元。

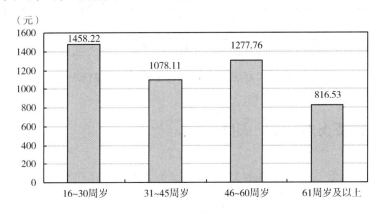

图 4-26　按年龄划分的家庭服务性支出情况

# 四、家庭消费特征

## （一）主要消费项目

由图 4 - 27 可知，从全国来看，家庭最主要的消费支出项目是食品，占 53.79%，其次是教育，占 27.72%；从城乡来看，城镇和农村家庭的最主要消费支出项目是食品和教育，城镇依次是 54.11%、24.35%，农村依次是 53.21%、33.82%；从地区来看，东部地区食品和教育分别占比为 58.29%、22.5%，中部地区食品和教育分别占比为 53.19%、29.66%，西部地区食品和教育分别占比为 49.26%、29.81%。由此可知，无论从全国、城乡还是地区来看，食品和教育都是家庭最主要的消费支出。

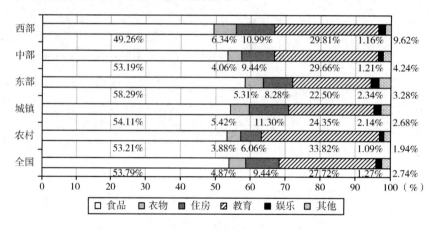

图 4 - 27　按区位划分的家庭主要消费项目情况

## （二）消费支出最多的成员

由图 4 - 28 可知，一个家庭在青年人身上消费支出最多，占比为 64.29%，其次是少年，占比为 13.91%，排第三位的是中年人，占比为 11.74%，排第四位的是老年人，占比为 6.33%，第五位是婴幼儿，占比为 3.73%。家庭花费在青年人身上的消费远远高于其他人，花费在少年和中年人身上的消费大体相当，花费在老年人和婴幼儿身上的消费最少。

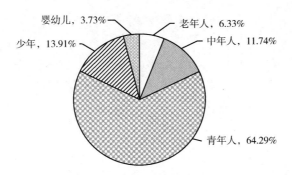

图 4 - 28　家庭消费支出情况

## （三）消费支出占收入比重变化

1. 食品消费。由图 4 - 29 可知，全国家庭的食品消费支出占收入比重增加的有 54%，食品消费支出占收入比重没有变化的有 40%，食品消费支出占收入比重减少的有 6%，从整体来看，食品消费相较往年明显增加，少部分家庭的食品消费在减少，没有变化的也很多。

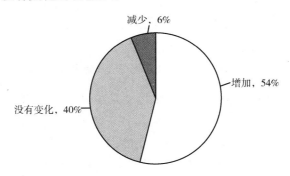

图 4 - 29　家庭食品消费变化

2. 衣着消费。由图 4 - 30 可知，家庭衣着消费增加的有 49%，家庭衣着消费没有变化的有 43%，家庭衣着消费减少的有 8%。从整体来看，家庭衣着消费以增加和没有变化的为主，共占比 92%，只有少部分家庭衣着消费相较往年是减少的。

3. 居住消费。由图 4 - 31 可知，全国家庭居住消费增加的占比为 27.77%，家庭居住消费没有变化的占比为 65.27%，家庭居住消费减少的占比为 6.96%，从整体来看，家庭居住消费跟往年相比以没有变化为主，少部分家庭跟往年相比呈递减趋势。

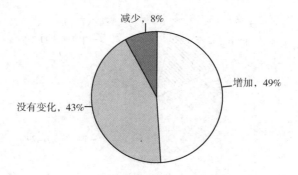

图 4 - 30    家庭衣着消费变化

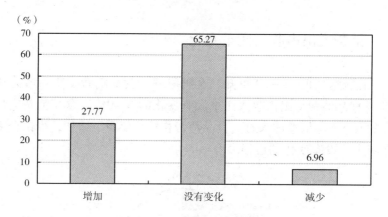

图 4 - 31    家庭居住消费变化

4. 家庭设备、用品及服务消费。如图 4 - 32 所示，家庭设备、用品及服务消费增加的占比为 32.81%，家庭设备、用品及服务消费没有变化的占比为 56.39%，家庭设备、用品及服务消费减少的占比为 10.8%。从整体来看，跟往年相比，家庭设备、用品及服务消费以没有变化为主，少部分家庭呈减少趋势。

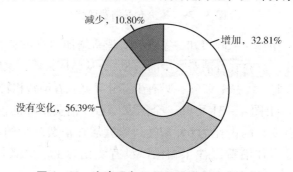

图 4 - 32    家庭设备、用品及服务消费变化

5. 医疗保健消费。由图 4-33 可知，全国家庭用于医疗保健的消费增加的占比为 37.37%，医疗保健消费没有变化的占比为 55.39%，医疗保健消费减少的占比为 7.24%。从整体来看，跟往年相比，家庭用于医疗保健的消费以没有变化为主，少部分家庭是减少的。

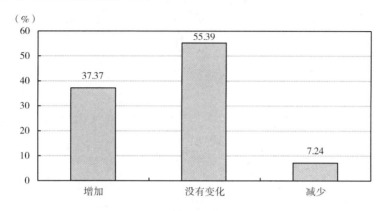

图 4-33　家庭医疗保健消费变化

6. 交通通信消费。如图 4-34 所示，家庭交通通信消费没有变化的占比为 50.64%，家庭交通通信消费增加的占比为 44.3%，家庭交通通信消费减少的占比为 5.06%。从整体来看，家庭交通通信消费跟往年相比以没有变化为主，少部分家庭跟往年相比呈递减趋势。

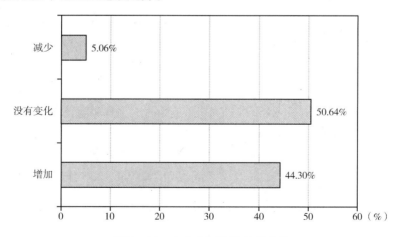

图 4-34　家庭交通通信消费变化

7. 文教娱乐用品消费。由图 4-35 可知，家庭文教娱乐消费最突出的变化是没有变化，占比为 52.76%，文教娱乐消费增加的占比为 38.91%，文教娱乐消费减少的占比为 8.33%。从整体来看，家庭文教娱乐用品消费跟往年相比，主要是没有变化，少部分家庭呈减少趋势。

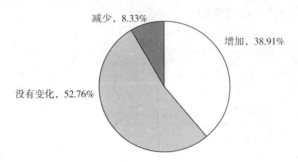

**图 4-35　家庭文教娱乐消费变化**

# 五、家庭消费行为

1. 外出就餐索要发票情况。由图 4-36 可知，从全国平均水平来看，外出就餐主动索要发票以看情况为主，达到了 44.9%；不主动索要发票的选择次之，为 33.9%；占比最低的选项是主动索取发票，只有 21.2%。城镇居民就餐主动索要

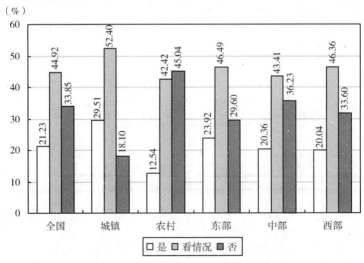

**图 4-36　区位与外出就餐主动索要发票情况**

发票的倾向要明显高于农村居民，是农村居民的236%。东部居民主动索要发票的倾向高于中部和西部，不主动索要发票的倾向明显低于中部和西部，但是中部、西部和东部地区看情况索要发票的倾向非常接近。由此可知，城镇居民和东部居民主动索要发票的消费习惯较好，中部和西部居民的索要发票习惯非常相似。

2. 使用信用卡消费情况。由表4－9可知，从全国水平来看，2015年使用过信用卡消费的家庭占比为32.24%，接近1/3，是没有使用过信用卡消费的家庭数量的一半，由此可见，我国居民对信用卡的消费还不够普及。城镇家庭使用信用卡消费的倾向明显高于农村居民，是农村居民的234%；同时东部地区居民家庭使用信用卡的比例最高，达到了38.99%，西部居民紧随其后，达到了31.31%，只有中部地区居民使用信用卡消费的比例低于30个百分点，只有29.29%。这说明城镇居民家庭对信用卡消费的认可度和偏好要高于农村居民很多；东部居民家庭对信用卡消费的认可度较高，但是总体来看，我国居民对信用卡消费的认可度有待提高。

表4－9　　　　　　按区位划分2015年使用信用卡消费情况　　　　　单位:%

| 区位 | 是 | 否 |
| --- | --- | --- |
| 全国 | 32.24 | 67.76 |
| 城镇 | 40.62 | 59.38 |
| 农村 | 17.36 | 82.64 |
| 东部 | 38.99 | 61.01 |
| 中部 | 29.29 | 70.71 |
| 西部 | 31.31 | 68.69 |

3. 互联网消费还是商场消费。由图4－37可知，对于只适用互联网消费的这种模式，小学以下没有，户主为小学学历的家庭为16%，初中学历的家庭为10%，高中学历的家庭为17%，职高/技校学历的家庭为13.3%，中专学历的家庭为6.9%，大专学历的家庭为10%，本科学历的家庭为11.2%，硕士及博士学历以上均为零。这说明只用互联网消费的家庭占少数，大多数家庭更加倾向于互联网和商场兼有的消费模式，但户主学历和消费方式的选择不存在单调关系，只能看出在中专以上学历的家庭中，可能存在学历越高越倾向于互联网和商场兼有的混合消费模式。

4. 家庭储蓄的主要目的。由图4－38可知，从总体来看，在子女教育、养老、购房、意外、其他这五个主要家庭储蓄目的中，不管哪个年龄段子女教育都占有相当大的比重。其中16~30周岁、31~45周岁、46~60周岁这三个年龄段家庭储蓄用于子女教育的比重分别是60.4%、78%、71.7%，可以看出，我国居民对子女教育投入十分重视。其次养老是居民储蓄的第二大目的，在不同的年龄段都占有10%以上。从年龄段来看，16~60周岁年龄段的户主家庭储蓄最大的目的在于子女教育，而61周岁以上户主家庭储蓄最大的目的在于养老。从不同指标上来看，在子女教育占比上最大的是31~45周岁的居民，其比例达到了78%；养老目的上占比最大的是61周岁以上居民；购房目的上占比最大的是16~30周岁的居民。

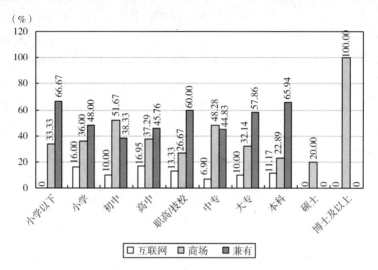

图4-37 学历和消费模式

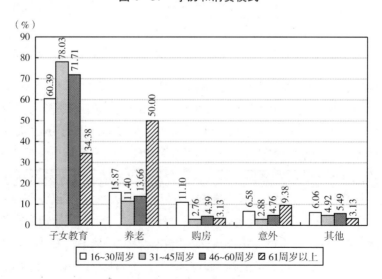

图4-38 年龄与家庭储蓄目的

5. 影响家庭消费抉择的因素。由图 4 – 39 可知，从总体来看，无论是全国居民还是城镇、农村居民，都倾向于将价格、质量、功能列为前三项影响家庭消费抉择的因素，随后依次是服务、品牌、生活所在地基础设施、政府消费支持政策和其他。从单个影响因素来看，城镇居民的统计结果认为价格的影响较低，为 29.5%，农村居民为 32.4%，是农村居民的 91%。而对于质量这个影响因素，城镇居民的统计结果认为质量的影响较高，为 31%，农村居民为 29.7%，是农村居民的 104%。对于功能这个影响因素，城镇居民的统计结果较低，为 17.4%，农村居民则为 19.1%，是农村居民的 91%。对于品牌这个影响因素，城镇居民统计结果较高，为 7.6%，农村居民为 6.4%，是农村居民的 119%。对于服务这个影响因素，城镇居民统计结果较高，为 8.8%，农村居民为 6.3%，是农村居民的 140%。说明城镇居民在消费时更倾向于选择质量较高，品牌较硬，服务更好的消费品；农村居民在消费时更倾向于选择价格更低，功能更齐全的消费品。

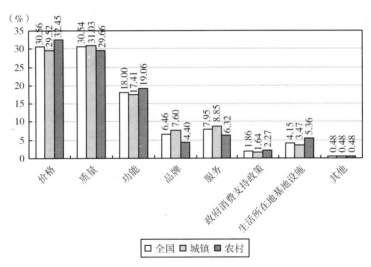

**图 4 – 39　区位和影响家庭消费抉择的因素**

6. 影响消费水平的主要因素。由图 4 – 40 可知，无论是城镇居民还是农村居民，无论是东部、西部还是中部，收入是占比最大的因素；其次是家庭消费观，平均占比可以达到 25% 以上；随后是工作因素，最后是社会保障。从区位来看，城镇居民收入影响消费水平占比略低于农村居民 1.83 个百分点，家庭消费观念影响消费水平占比远高于农村居民 5.12 个百分点，工作影响消费水平占比远低于农村居民 4.2 个百分点。这说明城镇居民认为消费观念的改变可以相

当大程度上影响消费水平，而农村居民则认为工作和收入的改变可以很大程度
影响消费水平。另外，中部和西部地区对于消费水平影响因素的认识比较一致，
只有东部地区认为家庭消费观念影响较大和工作因素影响较小。

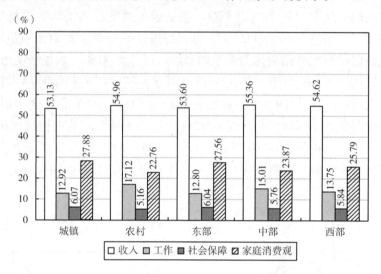

图 4 - 40　区位和影响消费水平的因素

7. 获取消费信息的途径。由图 4 - 41 可知，从总体来看，在 16～30 周岁、
31～45 周岁、46～60 周岁这三个年龄段有一致的结果，即电视网络是获取消费
信息最大的途径，其占比都在 40% 以上，在 16～30 周岁的年轻群体中甚至达到

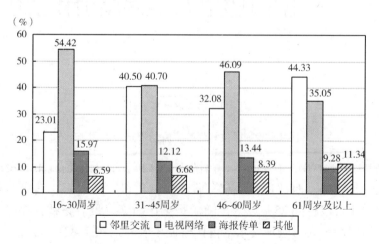

图 4 - 41　户主年龄和获取消费信息途径

了一半以上，有54.4%的高占比。其次是邻里交流，这个途径在61周岁以上的年龄段达到了44.3%的高占比，在16~60周岁的年龄段也在20%以上。海报传单是占比最小的途径，在全年龄段都是如此。这说明了年轻人获取消费信息的途径多倾向于电视网络，随后才是邻里交流，而年长的家庭多倾向于邻里交流来获取消费信息，不过传单这种方式成为占比最低的途径。

8. 家庭消费满意程度情况。由图4-42可知，我国有61%的家庭对目前的消费行为满意程度表示一般，有25%的家庭对当前家庭消费行为程度表示满意，还有10%的家庭对目前消费行为满意程度表示不满意，非常不满意和非常满意的占比相同，都是2%且占比最少。这反映了我国目前家庭消费行为满意程度有待改善。

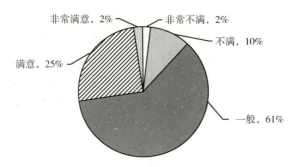

**图4-42　家庭消费满意程度**

9. 维权选择途径。由图4-43可知，我国消费者如果需要维权时第一选择是找到商家协商和解，此项占比为82.46%，第二选择是消费者协会投诉，投诉此项占比为12.72%，其次选择是将消费情况在网络上公布，此项占比为2.55%，最强

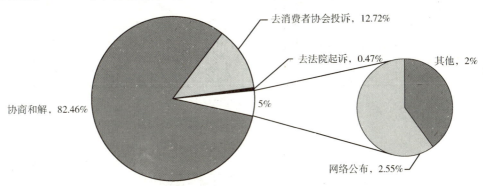

**图4-43　维权时选择的途径**

硬的做法是去法院起诉，但此项途径占比最小，为 0.47%。这可能是由于消费者抱着息事宁人的态度处理纠纷，这说明我国居民消费维权意识不强，国家相关部门急需加强对不法商家的打击力度，消费者保护协会急需加强维权法律手段的宣传，同时消费者急需加强消费时的自我保护意识和正确的维权意识。

# 六、家庭消费观念

1. 农村居民选择的消费地点。由图 4－44 可知，从全国来看，首先，农村居民选择一般在县乡镇消费，偶尔去城里消费，其占比为 47.1%；其次，农村居民的选择是只在乡镇市场消费，其占比为 22.3%，再次选择一般在城里，偶尔去乡镇消费的，其占比为 16.9%；最后，选择乡镇和城里消费频率差不多的人数最少，其占比为 12.7%。这表明我国农村居民虽然更加倾向于在乡镇消费，同时也有相当大一部分农村居民选择同时兼有在城镇消费和乡镇消费的方式。从区位来看，东部的农村居民更多地选择了乡镇和城里消费频率差不多，其占比为 19.6%，分别高出了中部和西部农村居民 8.2 个百分点和 11.4 个百分点；中部的农村居民更加倾向于在乡镇市场进行消费，其占比为 25.2%，分别高出了东部和西部农村居民 5.6 个百分点和 7.3 个百分点；西部农村居民更乐于一般在乡镇市场消费，偶尔去城里，其占比为 48.5%，分别高出了东部和中部农村

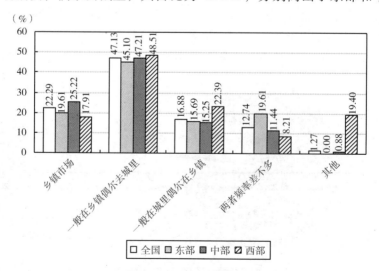

图 4－44　区位与农村居民消费地点

居民 3.4 个百分点和 1.3 个百分点。

2. 政策措施对农村家庭消费的影响。由图 4 - 45 可知，农村居民认为提高粮食收购价格是影响农村家庭消费最大的政策措施因素，占比高达 32.75%，高出影响力第二的因素 9.97 个百分点。农业补贴是农村居民认为影响农村家庭消费的第二大影响因素，其占比为 22.78%。家电下乡政策是农村居民认为的第三大影响家庭消费的因素，其占比为 21.52%。第四大影响农村居民家庭消费的因素是完善农村金融体系，这一项占比为 20.89%。影响力最低的政策措施是完善农村社保制度，仅占 2.06%。提高粮食收购价格和农业补贴这两项政策措施分别是第一、第二影响农村居民消费的因素，这说明收入的增加依然是农村居民家庭支出的最大影响因素，需要制定合理措施增加农民收入。

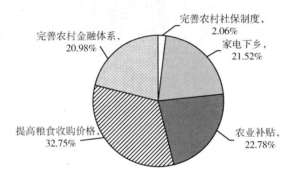

**图 4 - 45　政策措施对农村居民消费的影响**

3. 促进农村居民消费政府应该采取的措施。由图 4 - 46 可知，从整体来看，所有的年龄段都将扩大居民收入列为第一大影响农村居民消费的措施，16～30 周岁、31～45 周岁、46～60 周岁和 61 周岁以上的户主选择扩大居民收入所占比例分别是 35.73%、31.22%、31.65%、33.33%，都在 30% 以上的高水平，其中 16～30 周岁的农村居民占比最高，比其他年龄段高出近 4 个百分点。第二大影响农村居民消费的措施是控制物价水平，四个年龄段的选择控制物价水平所占比例分别是 25.46%、26.81%、23.4%、18.06%，其中 31～45 周岁年龄段占比最多。第三大影响农村居民消费的措施是增加对农村的投资，四个年龄段选择对农村增加投资这一项占比分别是 16.63%、14.81%、16.67%、18.06%，其中每一年龄段占比差距不大。

4. 家庭周边消费差距情况。由图 4 - 47 可知，从全国来看，认为家庭周边消费差距一般的占据 48.68%，将近一半，其次是认为家庭周边消费水平相差比较大，占比为 32.79%，第三是认为家庭周边消费水平相差比较小的，占比为

9.52%，认为家庭周边消费水平相差非常大的占比为 7.51%，占比最少的是认为家庭周边消费情况差距非常小的，占比为 1.51%。从区位上看，中部地区居民认为家庭周围消费水平一般的最多，分别多出中部和西部家庭 5.73 个百分点和 3.42 个百分点。

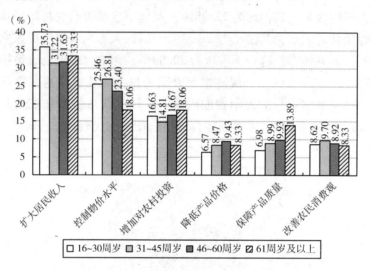

图 4 – 46　年龄和促进农村居民消费措施

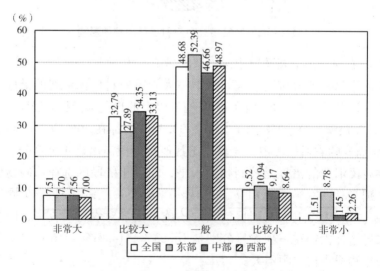

图 4 – 47　家庭周边消费情况

5. 国家应该扩展消费的方面。由图4-48可知，从全国来看，教育消费成为居民认为的国家最应该扩展的消费方面，占比高达25.69%，这反映出民众对教育这个领域的重视。文化消费成为居民认为国家第二应该出台政策扩展的消费方面，占比达到23.76%，这反映出我国居民对文化产业需求的旺盛。另外养老消费成为居民认为的国家第三应该扩展的消费方面，占比达到22.60%，这也反映出我国人口逐步老龄化的问题。旅游消费占比为13.85%，是居民认为的第四位国家应该扩展的消费方面，这可以反映居民对旅游产业的积极需求和期望。剩下的家庭服务和通信方面分别占比为8.71%和4.4%，分别是居民认为的第五和第六国家应该出台政策扩展的消费领域。从区位方面来看，城镇居民反映出最应该扩展的消费领域是文化，达到了24.55%，比农村居民高出了2.12个百分点；其次应该扩展的消费领域是教育消费，占比达到了24.33%，比农村居民低了3.5%；在旅游消费方面城镇居民占比达到了15.3%，比农村居民高出4.02个百分点；在通信方面，城镇居民占比达到了3.51%，比农村居民低了2.5个百分点；养老消费和家庭服务消费方面，城镇居民和农村居民的偏好差别不大。这反映了在基础性质的消费方面，农村居民普遍希望国家出台政策扩展更多的消费，如教育消费、通信消费；同时在非基础性质的消费方面，城镇居民更加希望国家出台政策扩展更多的消费，如文化消费，旅游消费。

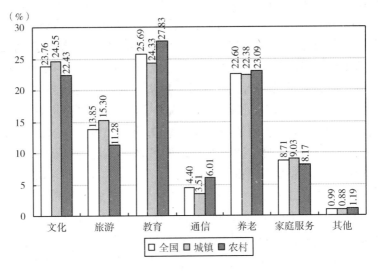

图4-48　区位和扩展消费的方面

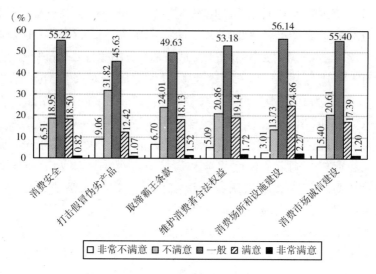

**图 4 – 49    消费环境的评价**

6. 家庭消费环境评价。由图 4 – 49 可以看出，在消费安全方面有 6.51% 的消费者表示非常不满意，有 18.95% 的消费者表示不满意，有 55.22% 的消费者表示一般，有 18.5% 的消费者表示满意，有 0.82% 的消费者表示非常满意。其中持负面态度的消费者（非常不满意和不满意）占比为 25.46%，正面态度的消费者（满意和非常满意）占比为 19.32%，低于负面态度 6.14 个百分点。这说明在消费安全方面，家庭消费者大部分持负面态度。在打击假冒伪劣产品方面，非常不满意、不满意、一般、满意、非常满意的消费者占比分别是 9.06%、31.82%、45.63%、12.42%、1.07%。其中，持负面态度的消费者占比为 40.88%，持正面态度的消费者占比为 13.49%，两者差距相当之大，达到了惊人的 27.39%。这表明在打击假冒伪劣产品方面，多数居民持有剧烈的负面态度，同时在此方面选择一般的消费者是所有选项中最低的，这就表明此方面居民有强烈的不满情绪，证明了国家在打击假冒伪劣产品方面做得仍然不够。在取缔霸王条款方面，非常不满意、不满意、一般、满意、非常满意的消费者占比分别是 6.7%、24.01%、49.63%、18.13%、1.52%，持负面态度的消费者占比为 30.71%，持正面态度的消费者占比为 19.65%，说明在取缔霸王条款方面居民大部分持负面态度。在维护消费者合法权益方面，非常不满意、不满意、一般、满意、非常满意的消费者占比分别是 5.09%、20.86%、53.18%、19.14%、1.72%，持负面态度的消费者占比为 25.95%，持正面态度的消费者占比为 20.86%，二者虽相差不大但多数消费者对此仍持消极态度。在消费场所和设施建设方面，持有正面态度的消费者占多数，高于负面态度消费者比例10.39个百分点，这说明我国消费场所建设成果明显。在消费市场诚信建设方面，非常不满意、不满意、一般、满意、非常满意的消费者占比分别是5.40%、20.61%、55.40%、17.39%、1.20%，持负面态度的消费者占比为26.01%，持正面态度的消费者占比为18.59%。这说明在消费市场诚信建设方面，我国居民持较强烈的负面态度。

7. 家庭居民消费信息来源影响因素。由图4-50可知，居民选择亲戚朋友介绍作为信息来源，其最大的影响程度是"比较大"选项，占比达到36.8%，高于第二大影响因素"一般"5.8个百分点。说明亲戚朋友介绍作为信息来源，其影响消费的程度较大。居民选择销售人员介绍作为信息来源，其最大的影响程度"是一般"，占比为43.7%，第二、第三分别是"有一点"和"非常小"，占比分别是27.4%和23.4%。这说明销售人员介绍作为信息来源，其影响程度要小于"一般"。居民选择电视、网络作为信息来源，其最大的影响程度是"一般"，占比达到41.14%，不过其影响程度"比较大"的占比为14.26%，高于销售人员介绍占比5.3%，这说明居民选择电视网络作为信息来源是"一般"，并且高于销售人员介绍。居民选择自身经验、试用作为信息来源，其最大的影响程度是"比较大"选项，占比高达45.54%，其次是"很高"选项，占比为29.57%，这说明居民选择自身经验、试用作为消费信息来源的影响是最大的。

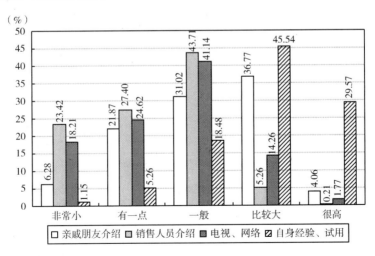

图4-50　消费信息来源影响因素

# 七、本章小结

总体来看，影响我国居民家庭消费差距的主要因素包括区位、年龄、学历、有无社保以及就业预期等。分析表明，我国居民家庭消费差距最突出的表现在：城镇家庭消费支出远高于农村，东部远高于中西部，但需要指出的是，西部地区家庭消费支出和中部基本持平，甚至在某些方面已经略微呈现领先之势。但是，不管是城乡，还是东、中、西部地区，就各消费支出比重来看，房屋消费已经成为我国居民家庭消费支出的最主要部分。

从家庭消费特征来看，我国居民家庭消费支出比重最大的群体是青年人，而最主要的消费项目是食品和教育，并且食品消费支出在不断上升，不排除这与我国物价上涨有关。可以看出，一方面是我国青年人面临的压力比较大；另一方面是我国居民家庭消费结构有待进一步优化。

就家庭消费行为和观念来看，绝大多数消费者对我国的消费环境认可度和满意度偏低，显然，这对于我国鼓励居民消费是相当不利的，应当引起重视。同时，收入是影响消费水平最主要的因素，因此，控制物价，进一步扩大居民收入，对于家庭消费水平的提高具有重要意义。

# 第五章

# 就　　业

本章主要分析了当今的就业形势，包括五个部分，分别是就业状态、农业生产者、个体或私人经营、受雇于他人与失业的状况。

## 一、就业状态

首先，从就业的分布状况看，如表5－1所示，在2016年中国居民收入与财富调查样本中，从事农业工作的有90人，所占比例为5.95%；经营个体或私营企业的有224人，所占比例为14.81%；受雇于他人或单位的有1083人，所占比例为71.58%；零、散工有64人，所占比例为4.23%；自由职业者有58人，所占比例为3.83%。

表5－1　　　　　　　　　　　　　　就业结构

| 就业状况 | 农村（人） | 比例（%） | 城镇（人） | 比例（%） | 全国（人） | 比例（%） |
|---|---|---|---|---|---|---|
| 农业工作 | 77 | 30.20 | 13 | 1.03 | 90 | 5.95 |
| 个体或私人经营 | 47 | 18.43 | 177 | 14.00 | 224 | 14.81 |
| 受雇于他人 | 92 | 36.08 | 991 | 78.40 | 1083 | 71.58 |
| 零、散工 | 24 | 9.41 | 40 | 3.16 | 64 | 4.23 |
| 自由职业者 | 15 | 5.88 | 43 | 3.40 | 58 | 3.83 |
| 总　计 | 255 | 100.00 | 1264 | 100.00 | 1513 | 100.00 |

其次，就业群体就业结构存在很大的城乡差别。对于农村户籍群体，从事农业工作的比例为30.20%，经营个体或私营企业的比例为18.43%，受雇于他

人或单位的比例为 36.08%，零、散工的比例为 9.41%，自由职业者的比例为 5.88%；对于城镇户籍群体，从事农业工作的比例为 1.03%，经营个体或私营企业的比例为 14.00%，受雇于他人或单位的比例为 78.40%，零、散工的比例为 3.16%，自由职业者的比例为 3.40%。因此，对于农村户籍群体，农业工作和受雇于他人是主要的就业方式，而对于城镇户籍群体，受雇于他人是最主要的就业方式，零、散工和自由职业者所占比均较小。

图 5-1 为我国 2016 年就业人口的年龄结构。农业工作者平均年龄为 48.29 周岁，其中，城镇农业工作者平均年龄为 44.15 周岁，农村农业工作者平均年龄为 49 周岁；个体或私人企业经营者平均年龄为 43.53 周岁，其中，城镇个体或私人企业经营者平均年龄为 43.27 周岁，农村个体或私人企业经营者平均年龄为 44.4 周岁；个人或单位雇佣人员的平均年龄为 42.08 周岁，其中，城镇个人或单位雇佣人员的平均年龄为 41.93 周岁，农村个人或单位雇佣人员的平均年龄为 43.89 周岁；零、散工平均年龄 43.14 周岁；从事自由职业的人员平均年龄为 43.09 周岁，其中，城镇从事自由职业的人员平均年龄为 42.79 周岁，农村从事自由职业的人员平均年龄为 43.93 周岁。从就业人口的年龄结构上看，农村的平均年龄大于城镇，年龄差距在农业工作者中表现得最为明显。

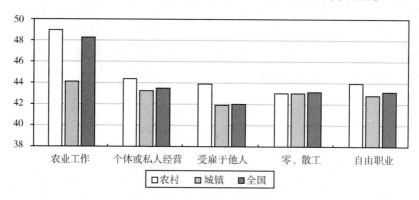

图 5-1　年龄与职业

图 5-2 描述了 2016 年不同就业方式的平均受教育年限。农业工作者的平均受教育年限为 10.08 年，其中，城镇农业工作者平均受教育年限为 13.54 年，农村农业工作者平均受教育年限为 9.41 年；个体或私人企业经营者平均受教育年限为 11.21 年，其中，城镇个体或私人企业经营者平均受教育年限为 11.62 年，农村个体或私人企业经营者平均受教育年限为 9.89 年；个人或单位雇佣人员的平均受教育年限为 14.29 年，其中，城镇个人或单位雇佣人员的平均受教育年

限为 14.43 年，农村个人或单位雇佣人员的平均受教育年限为 12.63 年；零、散工平均受教育年限为 9.61 年，其中，城镇零、散工的平均受教育年限为 9.9 年，农村零、散工的平均受教育年限为 9.17 年；从事自由职业的人员平均受教育年限为 12.4 年，其中，城镇从事自由职业的人员平均受教育年限为 12.46 年，农村从事自由职业的人员平均受教育年限为 12.21 年。

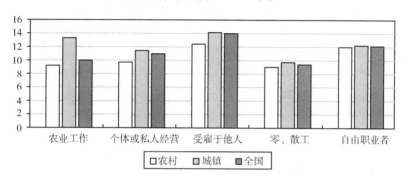

**图 5 - 2 受教育年限与就业方式**

由此可见，整体上，受雇于他人的平均受教育年限最高，零、散工平均受教育年限最低，城镇比农村就业人员的受教育水平较高。其中，受教育水平在从事农业工作的人员中差距最大，在从事自由职业的人员中差距最小。

表 5 - 2 与图 5 - 3 为 2016 年我国就业人员的月收入情况。就业人员平均月收入为 5430.02 元，城镇就业人员平均月收入为 5768.32 元，农村就业人员平均月收入为 3936.09 元。由此可见，城镇与农村就业人员收入差距较大，城镇平均月收入高出农村 46.55%。

表 5 - 2 　　　　　　　　　　就业人员月收入　　　　　　　　　　单位：元

| 区　域 | 月收入 |
| --- | --- |
| 农　村 | 3936.09 |
| 城　镇 | 5768.32 |
| 全　国 | 5430.02 |

根据调查，就业人员的收入水平存在较大的职业差异，如图 5 - 4 所示。首先，平均收入最高的是个体或私人企业经营者为 10468.22 元，其中，城镇地区为 11788.61 元，农村地区为 5887.39 元；其次，自由职业者的平均收入为 7315.18 元，其中，城镇地区为 8932.93 元，农村地区为 2893.33 元；受雇于他

人的就业人员平均收入为 4664.98 元，其中，城镇地区为 4780.86 元，农村地区为 3503.02 元；农业工作者平均收入为 3249.57 元，其中，城镇地区为 4157.50 元，农村地区为 3076.34 元；零、散工平均收入为 3150.79 元，其中，城镇地区为 3207.50 元，农村地区为 3052.17 元。

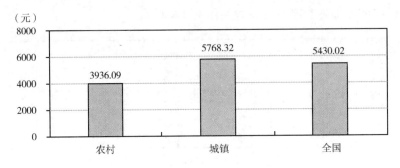

图 5 - 3　就业人员月收入

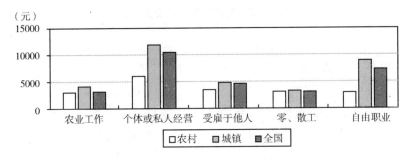

图 5 - 4　职业与月收入

　　由此可见，整体上，各个职业分类中，城镇就业人员的收入均高于农村地区，存在较明显的户籍收入差异。而这种差异在自由职业者和个体或私人企业经营者两个职业类别中均较大，城镇自由职业者的收入高出农村自由职业者收入的 2.08 倍，城镇个体或私人企业经营者的收入为农村个体或私人企业经营者收入的 2 倍。城镇农业工作者可能得益于自身的教育、技术或者信息优势，其收入也高于农村户籍者，而对于工作具有流动性质的零、散工就业人员，城乡之间的收入差异则不大。

　　根据调查，就业人员的收入存在较大的行业差异，如表 5 - 3 所示。就业人员平均月收入最高的行业为金融业，其就业人员平均月收入为 6855.52 元；其次为交通运输、仓储和邮政业，其就业人员平均月收入为 6534.23 元；制造业平均月收入排第三位，其就业人员平均月收入为 6321.74 元；其后依次为建筑业

6680.92元，科学研究、技术服务和地质勘查业5406.67元，房地产业5350元，文化、体育和娱乐业5042.11元，批发和零售业5036.55元，信息传输、计算机服务和软件业4773.68元，卫生、社会保障和社会福利业4660.72元，教育业4537.05元，水利、环境和公共设施管理业4442.86元，公共管理和社会组织4429.27元，采矿业4404.35元，租赁和商业服务业3909.63元，电力、燃气及水的生产和供应业4132.08元，农林牧渔业3925.53元，住宿和餐饮业3738.36元，居民服务和其他服务业3705.97元。

表5-3　　　　　　　　　　行业与收入　　　　　　　　　单位：元

| 行　业 | 农村 | 城镇 | 全国 |
|---|---|---|---|
| 农林牧渔业 | 3410.93 | 5725.00 | 3925.53 |
| 采矿业 | 3500.00 | 4490.48 | 4404.35 |
| 制造业 | 5444.74 | 7198.73 | 6321.74 |
| 电力、燃气及水的生产和供应业 | 2300.00 | 4194.12 | 4132.08 |
| 建筑业 | 5244.44 | 7021.99 | 6133.27 |
| 交通运输、仓储和邮政业 | 3500.00 | 14915.00 | 6534.23 |
| 信息传输、计算机服务和软件业 | 2000.00 | 5231.25 | 4773.68 |
| 批发和零售业 | 4500.00 | 5131.24 | 5036.55 |
| 住宿和餐饮业 | 3266.67 | 3796.12 | 3738.36 |
| 金融业 | 4750.00 | 6925.12 | 6855.52 |
| 房地产业 |  | 5350.00 | 5350.00 |
| 租赁和商务服务业 |  | 3909.63 | 3909.63 |
| 科学研究、技术服务和地质勘查业 |  | 5406.67 | 5406.67 |
| 水利、环境和公共设施管理业 |  | 4442.86 | 4442.86 |
| 居民服务和其他服务业 | 2642.86 | 3878.09 | 3705.97 |
| 教　育 | 3485.89 | 4757.83 | 4537.05 |
| 卫生、社会保障和社会福利业 | 3333.33 | 4755.54 | 4660.72 |
| 文化、体育和娱乐业 | 3314.29 | 5284.00 | 5042.11 |
| 公共管理和社会组织 | 3862.50 | 4498.95 | 4429.27 |
| 国际组织 |  | 10000.00 | 10000.00 |

由此可见，不同行业就业人员平均收入差距较大，就业人员平均月收入最高的金融业与就业人员平均月收入最低的居民服务和其他服务业平均收入差距

为 3149.55 元，交通运输、仓储和邮政业平均月收入为居民服务和其他服务业平均收入的 1.76 倍。城镇与农村就业人员平均月收入差距最大的行业为交通运输、仓储和邮政业，相差 11415 元；差距最小的行业为住宿和餐饮业，相差 529.46 元。行业差异是导致就业人员收入差异的重要原因，缩小行业间收入差异是降低居民收入差异的重要途径。另外，需要注意的是，行业收入差异存在的同时，户籍则导致了行业内收入差异，而且从表 5 - 3 来看，这种行业内的户籍差异甚至比行业间的收入差异还要更大。

表 5 - 4 描述了 2016 年我国不同户籍性质的就业群体平均月收入状况。其中，非农户口就业群体的平均月收入最高，为 7176.63 元；居民户口（不分农业与非农业）就业群体的平均月收入次之，为 5635.95 元；农业户口就业群体的平均月收入最低，为 4428.57 元。不同户口性质的就业群体之间收入存在较大的差异，户籍制度歧视是导致居民收入差异的重要原因。2014 年，国务院印发《国务院关于进一步推进户籍制度改革的意见》。意见指出，严格控制特大城市人口规模。改进城区人口 500 万以上的城市现行落户政策，建立完善积分落户制度。户籍制度改革，有利于改善劳动力市场环境，刺激劳动力的流动与供给，并且提高公平，创造和谐的社会环境。

表 5 - 4　　　　　　　　　　户籍与收入　　　　　　　　　　单位：元

| 户口性质 | 平均月收入 |
| --- | --- |
| 农业户口 | 4428.57 |
| 非农户口 | 7176.63 |
| 居民户口 | 5635.95 |
| 总　　计 | 5430.02 |

表 5 - 5 与图 5 - 5 描述了不同教育水平男性与女性的平均收入情况。由表 5 - 5 可知，博士毕业的就业群体平均月收入最高，为 7832.33 元，硕士学历次之，就业群体平均月收入为 7492.86 元，大学本科学历就业群体平均月收入为 5682.33 元，大专学历就业群体平均收入为 5545.23 元。平均最高的博士群体与收入最低的未上过学群体的差距为 5709 元，博士群体是未上过学群体收入的 3.69 倍。由此可见，教育与居民的收入存在明显的正相关关系，提高居民教育水平是缩小居民差距的有效途径。改革开放以来，我国居民整体教育水平大幅提高，极大的提高了我国整体的人力资本水平，提高了劳动力效率，但居民的教育水平仍然存在较大的差异，因此，教育的均等化也是缩小居民收入差异研

究关注的热点问题。

表5－5　　　　　　　　　　　　教育水平与收入　　　　　　　　　　单位：元

| 教育程度 | 男 | 女 | 总体 |
|---|---|---|---|
| 未上过学 | 2060.00 | 2250.00 | 2123.33 |
| 小　学 | 4108.33 | 3128.57 | 3662.99 |
| 初　中 | 4385.30 | 3215.70 | 4065.52 |
| 高　中 | 4692.12 | 3238.40 | 4167.43 |
| 职高/技校 | 4751.72 | 3023.81 | 4106.25 |
| 中　专 | 5195.35 | 3200.00 | 4197.67 |
| 大　专 | 5633.41 | 5201.22 | 5545.23 |
| 大学本科 | 5847.98 | 5468.54 | 5682.33 |
| 硕　士 | 7633.33 | 7330.77 | 7492.86 |
| 博　士 | 7954.00 | 7243.00 | 7832.33 |
| 总　计 | 6023.83 | 4741.16 | 5430.02 |

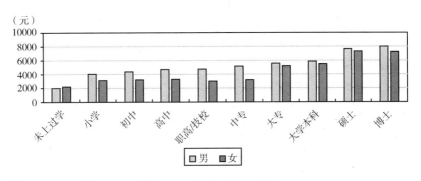

图5－5　教育水平与收入

　　另外教育均等化中需要关注的问题是性别教育回报的均等化。我国长期实行独生子女政策，在该政策的影响下，女性劳动力市场参与率大幅度上升，但从调查数据来看，在我国劳动力市场，存在明显的教育回报性别差异，如图5－5所示。从图中描述可以发现，学历为高中、初中、职高/技校、中专与小学的就业群体性别收入差距较大，男性平均收入明显高于女性，其中，中专学历的就业群体中性别收入差距最大。高等教育获得者的性别收入差异较小，从未上过学到大专学历的女性群体中，学历与收入的关系更小。但从教育提高的趋势来看，男性随着教育水平的提高，其收入水平基本保持不断上升的趋势，而女性的收入水平则呈现先下降后上升的趋势，其可能原因在于对于中低教育水平的女性劳动者其从事的工作与教育水平相关性较小，更早的参与到工作中能够更好地积累工作经验，提高人力资本水平，从而提高收入，而男性的工作性质可能与教育水平存在更强的相关性。另外，对于高等教育获得者而言，其从事的工作一般不需要较大的体力投入，因此，虽然在此群体中存在性别差异，但随着教育水平的提高，性别收入差异呈现明显缩小的现象。

# 二、农业生产者

在 2016 年中国居民收入与财富调查样本中，从事农业工作的有 191 人，所占样本总体的比例为 5.95%，如表 5 - 6 所示。农业工作者中，没有职务的占 84.29%，村支书占 1.57%，村委会主任占 1.57%，其他村干部占 6.81%，正副科级乡镇干部占 2.62%，其他乡镇干部占 3.14%[①]。

表 5-6  乡镇干部结构

| 职　　务 | 数　　量 | 比例（%） |
|---|---|---|
| 村支书 | 3 | 1.57 |
| 村委会主任 | 3 | 1.57 |
| 其他村干部 | 13 | 6.81 |
| 正副科级乡镇干部 | 5 | 2.62 |
| 其他乡镇干部 | 6 | 3.14 |
| 否 | 161 | 84.29 |
| 总　计 | 191 | 100.00 |

图 5-6 描述了从事农业生产时间的分布情况。其中，不从事农业生产的人数为 33 人，12 个月均从事农业生产的人数为 21 人，其次有 6 个月、9 个月和 10 个月从事农业生产的人数均为 13 人，从事农业生产的月份数为 1 个月、2 个月、3 个月、4 个月、5 个月、7 个月、8 个月和 11 个月的人数由 1 人到 9 人不等。由此可见，从事农业生产工作的就业群体中大部分人从事农业生产的月份

---

① 2016 年为中国居民收入与财富调查第一次调查，农业就业人员的占比较低，可能对分析结果产生一定影响。

数为 6 个月、9 个月、10 个月和 12 个月，呈现出明显的农业生产特征和季节特征。

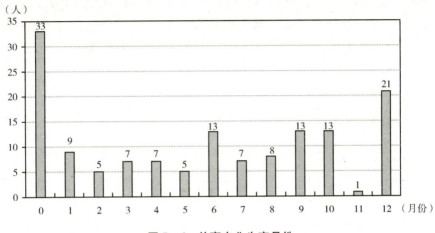

图 5-6 从事农业生产月份

图 5-7 描述了农业生产者类型的结构情况。从图中可以看出，一般农户占绝大部分，共 96 人，种植大户仅为 6 人，其他为 28 人。由此可见，我国农业生产者以一般农户为主，种植大户所占比例不到 5%，缺少规模化生产的基础和能力，生产效率较低，因此也可能导致产品的市场竞争力较低。鉴于中国当前农业生产的特征，2016 年，中共中央办公厅、国务院办公厅印发《关于引导农村土地经营权有序流转发展农业适度规模经营的意见》，根据意见，伴随我国工业化、信息化、城镇化和农业现代化进程，农村劳动力大量转移，农业物质技术装备水平不断提高，农户承包土地的经营权流转明显加快，发展适度规模经营已成为必然趋势。

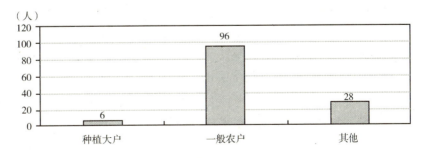

图 5-7 农业生产者类型结构

图 5-8 描述了不同农业生产者类型的平均净收入。其中，种植大户的平均净收入为 70000 元，一般农户的平均净收入为 20813.70 元，其他农业生产者平均净收入为 4909.09 元。由此可见，种植大户与一般农户的平均净收入差距很大，种植大户的平均净收入是一般农户的 3.5 倍，是其他农业工作者的 14 倍。因此，农业的规模化生产和经营是提高农业生产者收入的有效途径。

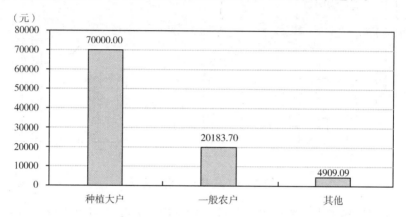

**图 5-8 农业生产者类型与农业生产平均净收入**

图 5-9 描述了使用不同农业生产手段的农业生产者的收入状况，使用不同农业生产手段的农业生产者的收入存在一定的差异。以机械化作业为主的农业生产者平均收入为 34120.00 元，以手工劳动为主的农业生产者平均收入为 15436.59 元，使用其他农业生产手段的农业生产者平均收入为 4833.33 元。由于样本中没有以高新技术为主的农业生产者，因此未显示以高新技术为主的农业生产者的收入状况。由图可知，以机械化为主的农业生产者平均收入显著高于以手工劳动为主的农业生产者，两者的差距高达 2 万元，以机械化作业为主的农业生产者平均收入是以手工劳动为主的农业生产者收入的 2.2 倍。针对以上我国农业生产的实际情况，从 2004～2009 年的六个中央 1 号文件中，相继阐述了农业机械化在现代农业建设、新农村建设、增加农民收入、提高农业综合生产能力等方面的重要作用。2013 年中央 1 号文件《关于加快发展现代农业 进一步增强农村发展活力的若干意见》中也将农业机械化作为重点领域单独强调。2017 年农机购置补贴为 186 亿元，并一次性下达，中央政府大规模的农机补贴有利于提高农业生产的机械化程度，提高农业生产的效率，进而提高农业生产者的收入水平。

根据调查数据，农产品销售渠道结构见表 5-7 和图 5-10。农产品销售渠道中邻里亲戚朋友交流占比例最高，高达51.19%；其次为公司收购，所占比例为19.05%；通过政府组织介绍销售农产品的比例为8.33%；通过电视网络销售的比例为4.76%。由此可见，我国农业工作者的农产品销售渠道以邻里亲戚朋友交流为主，结构单一，政府对农产品销售的帮助不足，且农业工作者用过电视网络进行农产品销售的比例较小，互联网普及尚未惠及农业生产销售。其中，公司收购农产品进行销售的比例为1/5，也是农产品销售的重要渠道之一。为了解决农产品销售问题，国家发展改革委、商务部、中央网信办等多部门多次下发文件，加强农产品流动供给侧结构性改革，发挥互联网在农产品营销、信息集成、资源管理等方面的优势，提高农民收入，摆脱贫困。

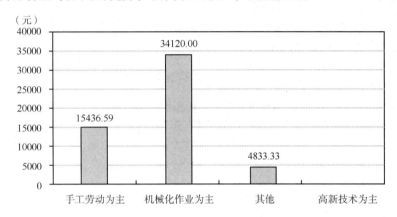

图 5-9　农业生产手段与收入

表 5-7　　　　　　　　　　农产品销售渠道结构

| 农产品销售渠道 | 数量 | 比例（%） |
|---|---|---|
| 政府组织介绍 | 7 | 8.33 |
| 邻里亲戚朋友交流 | 43 | 51.19 |
| 电视网络 | 4 | 4.76 |
| 公司收购 | 16 | 19.05 |
| 其　他 | 14 | 16.67 |
| 总　计 | 84 | 100.00 |

　　根据调查数据，不同农业生产者类型所负担农业税费的变化状况见表5-8和图5-11。整体来看，2016年农业税费负担减轻。20.00%的种养大户和6.32%的一般农户的农业税费负担有小幅增加，16.84%的一般农户的农业税费

负担无明显变化，20.00％的种养大户和21.05％的一般农户的农业税费负担有小幅减少，60.00％的种养大户和55.79％的一般农户的农业税费负担明显减少。一般农户中超过一半的农业工作者的农业税费负担明显减少。2001 年加快推进农村税费改革，自2001 年农村税费改革试点开始，经过五年时间，在2006 年全国人民代表大会批准了国务院提出的从2006 年1 月1 日开始，正式取消农业税的政策。极大地减轻了农村的负担，提高了农民的收入和生产的积极性。

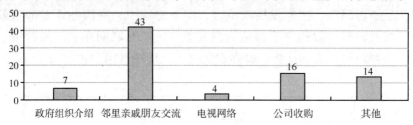

图 5 – 10　农产品销售渠道结构

表 5 – 8　　　　　　　　　农业生产者类型与农业税费负担变化　　　　　　　　单位：%

| 税费负担变化 | 种养大户 | 一般农户 | 其他 |
| --- | --- | --- | --- |
| 显著增加 | 0 | 0 | 0 |
| 小幅增加 | 20.00 | 6.32 | 0 |
| 无明显变化 | 0.00 | 16.84 | 40.00 |
| 小幅减少 | 20.00 | 21.05 | 12.00 |
| 明显减少 | 60.00 | 55.79 | 48.00 |

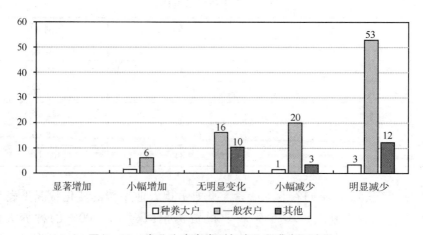

图 5 – 11　农业生产者类型与农业税费负担变化

图 5-12 描述了政府对不同农业生产者的农业扶持状况。由图可知，政府主要通过为农业提供技术支持的方式对农业生产者进行扶持，在 2016 年中国居民收入与财富调查样本中，有 7 个种养大户得到了政府为农业提供技术支持的扶持，有 116 个一般农户得到了政府为农业提供技术支持的扶持，有 31 个其他农业生产者得到了政府为农业提供技术支持的扶持；政府通过提供先进的生产设备对 2 个种养大户、16 个一般农户和 2 个其他农业生产者进行了农业扶持；政府通过提供农产品销售渠道对 1 个种养大户、27 个一般农户和 2 个其他农业生产者进行了农业扶持；政府通过新办深加工农产品的公司对 4 个一般农户和 1 个其他农业生产者进行了农业扶持；通过其他方式对 2 个其他农业生产者进行了农业扶持。

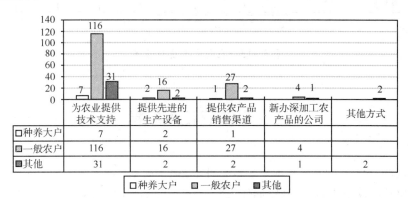

**图 5-12　政府对农业扶持的重点**

农业作为国民经济的基础和命脉，国家一直高度重视对农业的扶持，2016 年共 52 项农业优惠政策措施，包括农业支持保护补贴、农机购置补贴、农机报废更新补贴、小麦稻谷最低收购价等多个方面，保护了农民的积极性，提高了农民的收入，稳定了经济。

图 5-13 描述了政府对不同农业生产者提供的农业生产优惠政策，包括粮食补贴、农资综合补贴、农机购置补贴、农作物良种补贴、养殖业补贴、灾害应急补贴、保险补贴和其他优惠政策。政府主要通过粮食补贴和农作物良种补贴为农业生产者提供农业优惠政策。在种植大户中，有 5 个获得了粮食补贴、1 个获得农机购置补贴、2 个获得农作物良种补贴、1 个获得保险补贴、1 个获得其他优惠政策；在一般农户中，有 66 个获得粮食补贴、22 个获得农资综合补贴、16 个获得农机购置补贴、31 个获得农作物良种补贴、2 个获得养殖业补贴、12 个获得灾害应急补贴、6 个获得保险补贴、5 个获得其他优惠政策；在其他农

业生产者中，有 12 个获得粮食补贴、2 个获得农资综合补贴、4 个获得农作物良种补贴、1 个获得养殖业补贴、2 个获得保险补贴、11 个获得其他优惠政策。

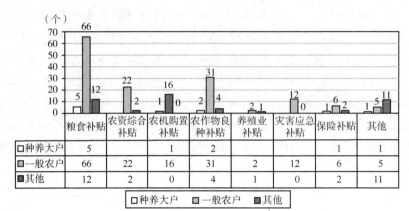

图 5 - 13　农业生产优惠政策

# 三、个体或私人经营

根据调查数据，我国个体和私营企业的雇佣状况见表 5 - 9。在被调查的 259 家个体户和私营企业中，110 家雇佣人数为 0 人，所占比例为 42.47%；101 家雇佣人数为 1~9 人，所占比例为 39.00%；20 家雇佣人数为 10~19 人，所占比例为 7.72%；17 家雇佣人数为 20~49 人，所占比例为 6.56%；6 家雇佣人数为 50~99 人，所占比例为 2.32%；5 家雇佣人数为 100 人以上，所占比例为 1.93%。由此可见，雇佣人数为 0 人的个体和私营企业最多，雇佣人数 100 以上的个体和私营企业最少，说明我国大部分的个体和私营企业的规模都较小。根据统计数据，我国 2016 年个体工商户已突破 5500 万户，私营企业达到 1990 余万户，就业人员近 3 亿人。但从调查数据发现，我国个体和私营企业整体规模偏小，雇佣人数超过 80% 在 10 人以下，不利于发挥规模经济优势，提高生产的效率。

表 5 - 9　　　　　　　　　个体和私营企业雇佣情况

| 雇佣人数 | 个体/私人经营数（家） | 比例（%） |
| --- | --- | --- |
| 0 | 110 | 42.47 |
| 1~9 | 101 | 39.00 |

续表

| 雇佣人数 | 个体/私人经营数 | 比例（%） |
|---|---|---|
| 10～19 | 20 | 7.72 |
| 20～49 | 17 | 6.56 |
| 50～99 | 6 | 2.32 |
| 100 以上 | 5 | 1.93 |
| 合 计 | 259 | 100.00 |

图 5 - 14 和表 5 - 10 描述了我国个体和私营企业在经营活动中享受优惠的状况。个体和私营企业在经营活动中无优惠的有 145 家，所占比例为 53.11%，享受过优惠政策的有 128 家。其中，享受过贷款优惠的有 30 家，所占比例为 10.99%；享受过税收优惠的有 54 家，所占比例为 19.78%；享受过经营用地优惠的有 18 家，所占比例为 6.59%；享受过其他优惠的有 26 家，所占比例为 9.52%。

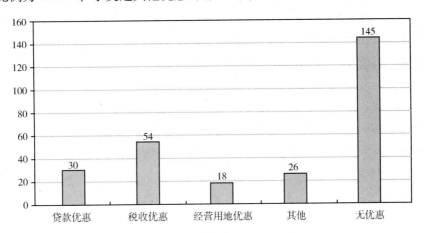

图 5 - 14 个体和私营企业优惠政策

表 5 - 10　　　　　　　个体和私营企业优惠政策

| 优惠政策 | 数量（家） | 比例（%） |
|---|---|---|
| 贷款优惠 | 30 | 10.99 |
| 税收优惠 | 54 | 19.78 |
| 经营用地优惠 | 18 | 6.59 |
| 其 他 | 26 | 9.52 |
| 无优惠 | 145 | 53.11 |
| 合 计 | 273 | 100.00 |

由此可见，无优惠的个体和私营企业要多于享受过优惠政策的个体和私营企业；在享受过优惠政策的个体和私营企业中，享受最多的优惠政策是税收优惠，其次是贷款优惠，最少的是经营用地优惠。结合表 5-9 个体和私营企业的雇佣状况，说明了优惠政策可能还影响了我国个体和私营企业的规模，没有享受过优惠政策使得我国个体和私营企业的规模都较小。2016 年调查数据显示，我国 45% 的个体私营企业处于初创期，为提高个体私营企业的生存能力，国家出台了一系列的普惠政策，通过不断优化税收和社会保险政策，降低个体私营经济的税费负担，提高新生企业的竞争力，激发市场更多活力。仅 2015 年，我国支持"双创"共减免税 3000 亿元以上，其中落实小微企业和个体工商户起征点政策及小型微利企业所得税减半征收政策减免税近 1000 亿元。

表 5-11 和图 5-15 描述了从事个体和私营经营的原因。因为找不到工作而从事经营的有 42 人，所占比例为 15.67%；因为能挣得更多而从事经营的有 81 人，所占比例为 30.22%；因为想自己当老板而从事经营的有 68 人，所占比例为 25.37%；因为不喜欢被约束而从事经营的有 50 人，所占比例为 18.66%；因其他原因而从事经营的有 27 人，所占比例为 10.07%。由此可见，从事个体和私人经营的最多的原因是能挣得更多，其次是想自己当老板，再次是不喜欢被约束，最后是找不到工作及其他，表明对财富的追求是从事个体和私营经营的最主要的原因。2015 年，国务院下发《国务院关于大力推进大众创业万众创新若干政策措施的意见》发布 30 条政策措施，涵盖创业面临的政策、资金、产业、环境等九大方面，为全国创业者提供更有力的支撑。意见的下发极大地提高了劳动者创新创业的积极性，提高了经济活力，有利于经济结构转型，促进了经济增长。

**表 5-11**　　　　　　　　　**从事经营的主要原因**

| 从事经营的主要原因 | 人数 | 比例（%） |
| --- | --- | --- |
| 找不到工作 | 42 | 15.67 |
| 能挣得更多 | 81 | 30.22 |
| 想自己当老板 | 68 | 25.37 |
| 不喜欢被约束 | 50 | 18.66 |
| 其 他 | 27 | 10.07 |
| 合 计 | 268 | 100.00 |

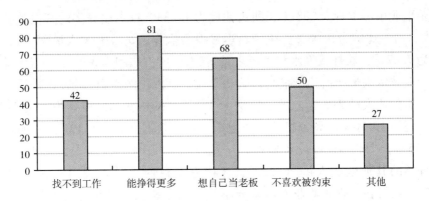

**图 5 - 15　从事经营的主要原因**

　　表 5 - 12 描述了从事个体和私营经营的场所情况。从事个体和私营经营的场所主要有本县、本省外县以及外省。2016 年中国居民收入与财富调查样本中，在本县经营的有 208 人，在本省外县经营的有 29 人，在外省经营的有 24 人，由此可见，经营场所在本县的最多，其次是在本省外县，最后是在外省，说明从事个体和私营企业的人都倾向于在本县经营而不向外省发展，这也是影响个体和私营企业规模的一个原因。

**表 5 - 12　　　　　　　　　从事个体和私营企业的场所**

| 经营场所 | 汇总 | 比例（%） |
| --- | --- | --- |
| 本　县 | 208 | 79.69 |
| 本省外县 | 29 | 11.11 |
| 外　省 | 24 | 9.20 |
| 总　计 | 261 | 100.00 |

# 四、受雇于他人

　　在 2016 年中国居民收入与财富调查样本中，受雇于他人或单位的有 1076 人，所占比例为 71.58%。表 5 - 13 和图 5 - 16 描述了 2016 年我国就业人员中受雇于他人就业群体的职业结构。其中，专业技术人员所占比例最高，共 307 人，所占比例为 25.58%；随后依次为商业、服务业人员 232 人，所占比例为 19.33%；办事人员和有关人员 226 人，所占比例为 18.33%；国家机关党群组织、企事业单位负责人 208 人，所占比例为 17.33％；不便分类的其他就业人员 109 人，所占比例为 9.08％；生产、运输设备操作人员及有关人员 92 人，所占比例为 7.67％；农林牧渔水利生产人员 26 人，所占比例为 2.17％。城镇就业群体中专业技术人员所占比例最高，共 282 人，所占比例为 26.21％；随后依次为商业、服务业人员 219 人，所占比例为 20.35％；办事人员和有关人员 212 人，所占比例为 19.70％；国家机关党群组织、企事业单位负责人 191 人，所占比例为 17.75％；生产、运输设备操作人员及有关人员 84 人，所占比例为 7.81％；不便分类的其他就业人员 76 人，农林牧渔水利生产人员 12 人，所占比例为 1.12％。农村各类职业就业人数差异不大。国家机关党群组织、企事业单位负责人 17 人，所占比例为 13.71％；专业技术人员 25 人，所占比例为 20.16％；办事人员和有关人员 14 人，所占比例为 11.29％；商业、服务业人员 13 人，所占比例为 10.48％；农林牧渔水利生产人员 14 人，所占比例为 11.29％；生产、运输设备操作人员及有关人员 8 人，所占比例为 6.45％；不便分类的其他就业人员 33 人，所占比例为 26.61％。

表 5 – 13　　　　　　　　　　　　　职业结构

| 工作职业 | 农村（人） | 比例（％） | 城镇（人） | 比例（％） | 全国（人） | 比例（％） |
|---|---|---|---|---|---|---|
| 国家机关党群组织、企事业单位负责人 | 17 | 13.71 | 191 | 17.75 | 208 | 17.33 |
| 专业技术人员 | 25 | 20.16 | 282 | 26.21 | 307 | 25.58 |
| 办事人员和有关人员 | 14 | 11.29 | 212 | 19.70 | 226 | 18.83 |
| 商业、服务业人员 | 13 | 10.48 | 219 | 20.35 | 232 | 19.33 |
| 农林牧渔水利生产人员 | 14 | 11.29 | 12 | 1.12 | 26 | 2.17 |
| 生产、运输设备操作人员及有关人员 | 8 | 6.45 | 84 | 7.81 | 92 | 7.67 |
| 不便分类的其他就业人员 | 33 | 26.61 | 76 | 7.06 | 109 | 9.08 |
| 总　计 | 124 | 100 | 1076 | 100 | 1200 | 100 |

就业人员职称级别结构的情况见表 5 – 14 和图 5 – 17。2016 年中国居民收入与财富调查样本中，全国获得高级职称的有 155 人，所占比例为 16.13％；中级职称 291 人，所占比例为 30.28％；初级职称 169 人，所占比例为 17.59％；技术员级 96 人，所占比例为 9.99％；司局级及以上干部 1 人，所占比例为 0.10％；处级干部 22 人，所占比例为 2.29％；科级干部 71 人，所占比例为 7.39％；股级或科员 77 人，所占比例为 8.01％；企业高层管理人员 24 人，所

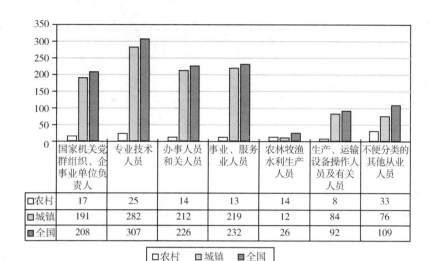

图 5 - 16　职业结构

占比例为 2.50%；企业中层管理人员 55 人，所占比例为 5.72%。农业生产者中获得高级职称的有 11 人，所占比例为 14.47%；中级职称 20 人，所占比例为 26.32%；初级职称 16 人，所占比例为 21.05%；技术员级 15 人，所占比例为 19.74%；科级干部 2 人，所占比例为 2.63%；股级或科员 5 人，所占比例为 6.58%；企业高层管理人员 4 人，所占比例为 5.26%；企业中层管理人员 3 人，所占比例为 3.95%。城镇就业人群中获得高级职称的有 144 人，所占比例为 16.27%；中级职称 271 人，所占比例为 30.62%；初级职称 153 人，所占比例为 17.29%；技术员级 81 人，所占比例为 9.15%；司局级及以上干部 1 人，所占比例为 0.11%；处级干部 22 人，所占比例为 2.49%；科级干部 69 人，所占比例为 7.80%；股级或科员 72 人，所占比例为 8.14%；企业高层管理人员 20 人，所占比例为 2.26%；企业中层管理人员 52 人，所占比例为 5.88%。

表 5 - 14　　　　　　　　　　就业人员职称级别结构

| 职称级别 | 农村（人） | 比例（%） | 城镇（人） | 比例（%） | 全国（人） | 比例（%） |
|---|---|---|---|---|---|---|
| 高级职称 | 11 | 14.47 | 144 | 16.27 | 155 | 16.13 |
| 中级职称 | 20 | 26.32 | 271 | 30.62 | 291 | 30.28 |
| 初级职称 | 16 | 21.05 | 153 | 17.29 | 169 | 17.59 |

续表

| 职称级别 | 农村（人） | 比例（%） | 城镇（人） | 比例（%） | 全国（人） | 比例（%） |
|---|---|---|---|---|---|---|
| 技术员级 | 15 | 19.74 | 81 | 9.15 | 96 | 9.99 |
| 司局级及以上干部 | | 0 | 1 | 0.11 | 1 | 0.10 |
| 处级干部 | | 0 | 22 | 2.49 | 22 | 2.29 |
| 科级干部 | 2 | 2.63 | 69 | 7.80 | 71 | 7.39 |
| 股级或科员 | 5 | 6.58 | 72 | 8.14 | 77 | 8.01 |
| 企业高层管理人员 | 4 | 5.26 | 20 | 2.26 | 24 | 2.50 |
| 企业中层管理人员 | 3 | 3.95 | 52 | 5.88 | 55 | 5.72 |

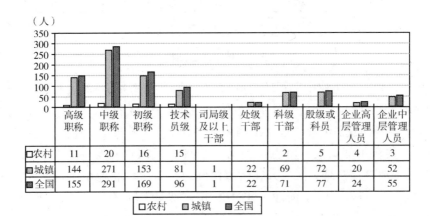

图 5-17　就业人员职称级别结构

　　由此可见，获得中级职称的人数最多，其次为初级职称和高级职称。城镇就业人群中职称级别的人数最多的为中级职称，随后依次为初级职称、高级职称、技术员级。农业生产者中不存在司局级及以上干部和处级干部。

　　表 5-15 和图 5-18 描述了我国就业群体受教育年限与职业的关系。全国不同职业的样本中，受教育年限由高到低依次为专业技术人员 15 年，国家机关党群组织、企事业单位负责人 15 年，办事人员和有关人员 15 年，商业、服务业人员 13 年，不便分类的其他就业人员 12 年，农林牧渔水利生产人员 11 年，生产、运输设备操作人员及有关人员 11 年。城镇就业人群中，受教育年限由高到低依次为专业技术人员 15 年，国家机关党群组织、企事业单位负责人 15 年，办事人员和有关人员 15 年，商业、服务业人员 13 年，农林牧渔水利生产人员 13 年，

不便分类的其他就业人员13年，生产、运输设备操作人员及有关人员11年。农业生产者中，受教育年限由高到低依次为国家机关党群组织、企事业单位负责人15年，专业技术人员14年，办事人员和有关人员13年，商业、服务业人员12年，不便分类的其他就业人员10年，农林牧渔水利生产人员10年，生产、运输设备操作人员及有关人员9年。

表5-15                          受教育年限与职业                          单位：年

| 工作职业 | 农村 | 城镇 | 全国 |
| --- | --- | --- | --- |
| 国家机关党群组织、企事业单位负责人 | 15 | 15 | 15 |
| 专业技术人员 | 14 | 15 | 15 |
| 办事人员和有关人员 | 13 | 15 | 15 |
| 商业、服务业人员 | 12 | 13 | 13 |
| 农林牧渔水利生产人员 | 10 | 13 | 11 |
| 生产、运输设备操作人员及有关人员 | 9 | 11 | 11 |
| 不便分类的其他就业人员 | 10 | 13 | 12 |

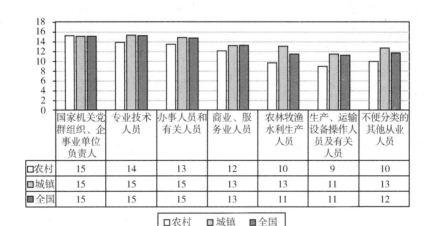

图5-18 受教育年限与职业

城镇农林牧渔水利生产人员和生产、运输设备操作人员及有关人员的受教育年限明显高于农村就业者，国家机关党群组织、企事业单位负责人等职业中城乡就业人群的受教育年限差异不大。

我国不同职业就业群体的学历状况见表5-16和图5-19。国家机关党群组织、企事业单位负责人中学历为大学本科的人数最多，为108人，其他依次为大专 35 人、高中 19 人、中专 18 人、硕士 16 人；专业技术人员中绝大部分学历为大学本科，共 159 人，大专 72 人，硕士 18 人；办事人员和有关人员学历为大学本科的人数最多，为 99 人，其次为大专 62 人，高中 29 人，中专 12 人；商业、服务业人员学历为大专的有 61 人，大学本科 52 人，高中 44 人，初中 23 人；农林牧渔水利生产人员学历为初中的有 8 人，高中和大专 6 人；生产、运输设备操作人员及有关人员中学历为初中的人数最多，为 27 人，其次依次为高中 19 人，大专 16 人，职高/技校 12 人；不便分类的其他就业人员中学历最高的为初中，共 36 人。

表 5 – 16　　　　　　　　　　　　　教育水平与职业　　　　　　　　　　　　单位：人

| 职　业 | 未上过学 | 小学 | 初中 | 高中 | 职高/技校 | 中专 | 大专 | 大学本科 | 硕士 | 博士 |
|---|---|---|---|---|---|---|---|---|---|---|
| 国家机关党群组织、企事业单位负责人 | | 5 | 3 | 7 | 5 | 18 | 35 | 108 | 16 | 1 |
| 专业技术人员 | 1 | 2 | 8 | 19 | 3 | 12 | 72 | 159 | 18 | 3 |
| 办事人员和有关人员 | | | 9 | 29 | 5 | 12 | 62 | 99 | 7 | 1 |
| 商业、服务业人员 | | 16 | 23 | 44 | 10 | 11 | 61 | 52 | 7 | |
| 农林牧渔水利生产人员 | | 2 | 8 | 6 | 2 | 1 | 6 | 1 | | |
| 生产、运输设备操作人员及有关人员 | | 8 | 27 | 19 | 12 | 6 | 16 | 4 | | |
| 不便分类的其他就业人员 | | 9 | 36 | 15 | 3 | 10 | 9 | 26 | 1 | |

　　由此可见，劳动者的职业类型与教育水平之间存在明显的一致性，不同教育水平的劳动者的职业呈分层现象。高中以下教育水平获得者多集中在商业、服务业等劳动密集型的职业类型，国家机关党群组织、企事业单位负责人以及专业技术人员占比较高的是大专及大学以上的教育水平获得者，教育程度较高者趋向于从事更加专业的技术领域，而教育程度较低者则从事教育门槛较低的普适性的就业领域。而且还可以发现，我国整体上劳动者的教育水平偏低，提高国民教育水平将成为提高劳动者素质，优化职业结构，提高劳动者收入的重要途径。

　　表 5 – 17 和图 5 – 20 描述了 2016 年我国不同职业就业群体每年的平均假期状况。国家机关党群组织、企事业单位负责人的平均假期最长，为 76 天，随后依次为专业技术人员 74 天，办事人员和有关人员 69 天，商业、服务业人员 54 天，生产、运输设备操作人员及有关人员 50 天，农林牧渔水利生产人员 37 天。

城镇就业群体中国家机关党群组织、企事业单位负责人的平均假期最长，为 74 天，随后依次为专业技术人员 72 天，办事人员和有关人员 69 天，商业、服务业人员 55 天，生产、运输设备操作人员及有关人员 53 天，农林牧渔水利生产人员 40 天。农村就业群体中国家机关党群组织、企事业单位负责人的平均假期最长，为 114 天，随后依次为专业技术人员 98 天，办事人员和有关人员 68 天，商业、服务业人员 32 天，农林牧渔水利生产人员 38 天，生产、运输设备操作人员及有关人员 26 天。

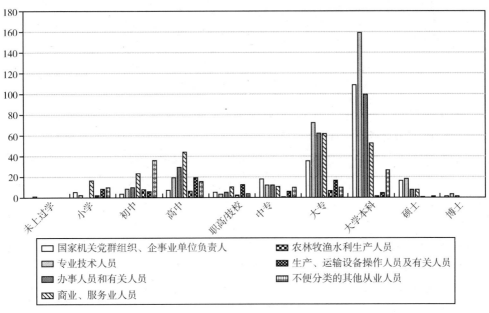

图 5 - 19　学历与职业

表 5 - 17                                职业类型与假期                                单位：天

| 工作职业 | 农村 | 城镇 | 全国 |
| --- | --- | --- | --- |
| 国家机关党群组织、企事业单位负责人 | 114 | 74 | 76 |
| 专业技术人员 | 98 | 72 | 74 |
| 办事人员和有关人员 | 68 | 69 | 69 |
| 商业、服务业人员 | 32 | 55 | 54 |
| 农林牧渔水利生产人员 | 38 | 40 | 37 |
| 生产、运输设备操作人员及有关人员 | 26 | 53 | 50 |
| 不便分类的其他就业人员 | 59 | 59 | 59 |

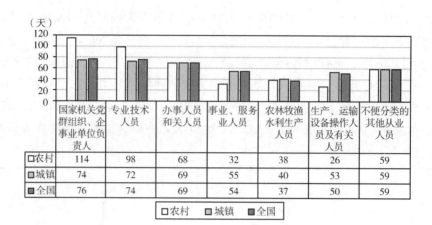

| | 国家机关党群组织、企事业单位负责人 | 专业技术人员 | 办事人员和关人员 | 事业、服务业人员 | 农林牧渔水利生产人员 | 生产、运输设备操作人员及有关人员 | 不便分类的其他从业人员 |
|---|---|---|---|---|---|---|---|
| 农村 | 114 | 98 | 68 | 32 | 38 | 26 | 59 |
| 城镇 | 74 | 72 | 69 | 55 | 40 | 53 | 59 |
| 全国 | 76 | 74 | 69 | 54 | 37 | 50 | 59 |

□农村　■城镇　■全国

**图 5 – 20　职业类型与假期**

在国家机关党群组织、企事业单位负责人和专业技术人员就业群体中，农村就业群体的假期长于城镇就业群体；在商业、服务业人员，农林牧渔水利生产人员和生产、运输设备操作人员及有关人员就业群体中，城镇就业群体的假期长于农村就业群体。由以上分析可以发现，劳动密集型的领域工作时间更长，假期更少。

表 5 – 18 和图 5 – 21 描述了我国不同职业就业群体每年的平均集体活动次数。专业技术人员和有关人员的平均集体活动次数最多，为 10 次；其次依次为国家机关党群组织、企事业单位负责人 7 次，办事人员和有关人员 7 次，商业、服务业人员 4 次，农林牧渔水利生产人员 3 次，生产、运输设备操作人员及有关人员 3 次，不便分类的其他就业人员 3 次。可以发现，职业类型与集体活动次数也呈现出明显的一致性，劳动密集型的职业领域集体活动次数更少，而教育更高的职业领域的就业者参与集体活动次数更多。结合表 5 – 17 和图 5 – 20 的分析，更长的假期和更多的集体活动次数不仅能够丰富就业者的生活，增加自我教育培训的时间和机会，同时也能够促进就业者的消费活动，从而促进经济增长。

表 5 –18　　　　　　　　　　职业与集体活动次数　　　　　　　　　　单位：次

| 工作职业 | 农村 | 城镇 | 全国 |
|---|---|---|---|
| 国家机关党群组织、企事业单位负责人 | 7 | 7 | 7 |
| 专业技术人员 | 9 | 10 | 10 |
| 办事人员和有关人员 | 8 | 7 | 7 |
| 商业、服务业人员 | 2 | 4 | 4 |

续表

| 工作职业 | 农村 | 城镇 | 全国 |
|---|---|---|---|
| 农林牧渔水利生产人员 | 3 | 4 | 3 |
| 生产、运输设备操作人员及有关人员 | 1 | 3 | 3 |
| 不便分类的其他就业人员 | 3 | 3 | 3 |
| 总　计 | 5 | 45 | 41 |

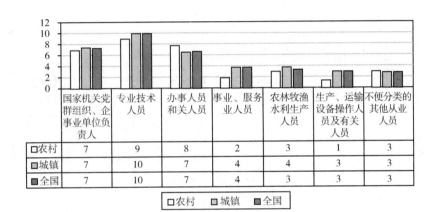

图 5 - 21　职业与集体活动次数

　　表 5 - 19 和图 5 - 22 描述了我国不同职业就业群体的福利待遇状况。专业技术人员和办事人员和有关人员的福利待遇较好，农林牧渔水利生产人员福利待遇较差。主要的福利待遇包括餐费补贴、交通补贴、住房补贴。值得注意的是，没有享受福利待遇的就业群体在各个职业群体中均占不可忽略的比例。

表 5 - 19　　　　　　　　　　职业与福利待遇　　　　　　　　　　单位：人

| 工作职业 | 餐费补贴 | 交通补贴 | 住房补贴 | 包吃 | 包住 | 单位班车 | 其他补贴 | 无 |
|---|---|---|---|---|---|---|---|---|
| 国家机关党群组织、企事业单位负责人 | 97 | 97 | 85 | 22 | 14 | 26 | 6 | 37 |
| 专业技术人员 | 120 | 96 | 95 | 28 | 30 | 40 | 19 | 85 |
| 办事人员和有关人员 | 124 | 107 | 74 | 18 | 17 | 20 | 17 | 49 |
| 商业、服务业人员 | 94 | 76 | 50 | 53 | 34 | 13 | 12 | 60 |
| 农林牧渔水利生产人员 | 5 | 3 | 3 | 5 | 5 | 1 | 1 | 11 |

续表

| 工作职业 | 餐费补贴 | 交通补贴 | 住房补贴 | 包吃 | 包住 | 单位班车 | 其他补贴 | 无 |
|---|---|---|---|---|---|---|---|---|
| 生产、运输设备操作人员及有关人员 | 34 | 22 | 11 | 19 | 19 | 17 | 1 | 25 |
| 不便分类的其他就业人员 | 26 | 17 | 13 | 24 | 20 | 4 | 2 | 34 |

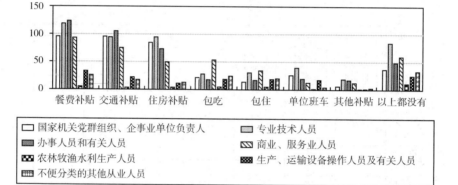

图 5 - 22　职业与福利待遇

在我国从计划经济向市场经济的转型过程中，劳动者的收入差异不断扩大，构成差距主要因素不但包括工资性收入，福利性收入也占了很大的比重。在当前市场竞争不完全，制度不健全的环境下，不同行业、单位之间的职业福利差距出现了不合理的倾向，进一步扩大了收入差距，加剧贫富分化，有悖于按劳分配的基本原则，扰乱了职业声望的正常秩序，吞噬了社会公共资源，影响了经济发展的效率，影响了公平。

表 5 - 20 和图 5 - 23 描述了我国不同工作单位所有制就业群体的社会保险费用状况。全国就业人员平均月社会保险费用 511.13 元，城镇地区为 530.99 元，农村地区为 326.80 元，且各所有制行业城镇地区均高于农村地区。国有控股的合资企业就业人员缴纳的社会保险费用较高，平均为 984.17 元，个体从业者最低的社会保险费仅为 81.11 元。根据统计数据，我国企业和个人负担的社会保险总费率在 40% 左右，个人负担 11%，费率总体偏高，且在不同行业和就业人群之间也不平衡[1]。因此，降低社会保险费率，提高社会保险统筹层次，加大财

---

① 谭中和. 适时适当降低社会保险费率 建立社保费率正常确定机制. 天津社会保险，2014（1）。

政力度，研究促进私营企业、灵活就业人员参保的办法，增加基金收入，促进行业和单位之间平衡。

表 5 - 20　　　　　　　　　单位所有制与社会保险费　　　　　　　　　单位：元

| 工作单位所有制 | 农村 | 城镇 | 全国 |
|---|---|---|---|
| 党政机关 | 253.34 | 619.46 | 592.41 |
| 国家、集体的事业单位 | 438.16 | 531.61 | 524.43 |
| 民办企事业单位 | 125.00 | 368.03 | 347.78 |
| 国有独资企业 | | 545.35 | 545.35 |
| 国有控股企业 | | 750.19 | 750.19 |
| 集体独资企业 | | 303.33 | 303.33 |
| 集体控股企业 | | 588.94 | 588.94 |
| 私营独资企业 | 220.00 | 366.02 | 340.97 |
| 私营控股企业 | 263.00 | 481.96 | 467.45 |
| 外资独资企业 | | 498.07 | 498.07 |
| 外资控股的合资企业 | | 447.20 | 447.20 |
| 国有控股的合资企业 | | 1061.00 | 984.17 |
| 集体控股的合资企业 | | 200.00 | 200.00 |
| 私营控股的合资企业 | | 400.53 | 400.53 |
| 个　体 | 81.11 | 462.17 | 380.06 |
| 其他企业 | 100.00 | 429.05 | 399.14 |
| 总　计 | 326.80 | 530.99 | 511.13 |

　　注：由于国有独资企业、国有控股企业、集体独资企业、集体控股企业、外资独资企业、外资控股的合资企业、国有控股的合资企业、集体控股的合资企业、私营控股的合资企业农村就业群体的社会保险费数据缺失，未进行统计。

　　表 5 - 21 和图 5 - 24 描述了我国不同工作单位所有制就业群体的住房公积金的缴纳状况。国有控股的合资企业、国有控股企业、国有独资企业、党政机关（包括党委、政府、人大、政协、公检法、武装部队）和国家、集体的事业单位就业人员缴纳的住房公积金较高，民办企事业单位、集体独资企业、私营独资企业、私营控股企业、私营控股的合资企业和个体缴纳的住房公积金较少。城镇就业群体缴纳的月平均住房公积金比农村就业群体缴纳的月平均住房公积金高。根据统计数据，2015 年全年，机关事业单位工作人员、国企职工缴存的住房公积金比例占 2015 年缴存总额的 60.16%，远高于城镇私（民）营业企业及

其他城镇企业，成为一种变相的福利。《人民日报》刊发文章称，住房公积金的缴存应当是社会保障公平性的一种体现，但目前我国不同所有制企业间职工住房公积金缴存水平差距较大。因此，提高住房公积金的缴存覆盖面，应当成为未来住房公积金改革的主要方向。但对于民营经济而言，扩大公积金的缴存覆盖面可能会加大企业的劳动保障负担，为此，2016 年上半年，国务院出台了相关政策，对于经济困难企业，可以缓交、降低缴纳比例、暂停缴纳公积金。

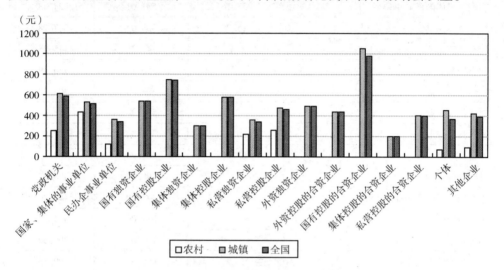

图 5-23　单位所有制与社会保险费

表 5-21　　　　　　　　　　单位所有制与月平均住房公积金　　　　　　　　　　单位：元

| 工作单位所有制 | 农村 | 城镇 | 全国 |
|---|---|---|---|
| 党政机关 | 506.33 | 686.41 | 669.98 |
| 国家、集体的事业单位 | 498.92 | 545.24 | 540.90 |
| 民办企事业单位 | 0.00 | 267.70 | 243.36 |
| 国有独资企业 |  | 670.14 | 670.14 |
| 国有控股企业 | 692.50 | 743.12 | 742.26 |
| 集体独资企业 | 50.00 | 90.00 | 80.00 |
| 集体控股企业 | 300.00 | 600.00 | 571.43 |
| 私营独资企业 | 16.84 | 247.20 | 218.57 |
| 私营控股企业 |  | 378.19 | 378.19 |

续表

| 工作单位所有制 | 农村 | 城镇 | 全国 |
|---|---|---|---|
| 外资独资企业 | | 320.50 | 320.50 |
| 外资控股的合资企业 | | 668.00 | 668.00 |
| 国有控股的合资企业 | | 1720.00 | 1516.67 |
| 集体控股的合资企业 | | 0.00 | 0.00 |
| 私营控股的合资企业 | | 291.41 | 291.41 |
| 个　体 | 58.82 | 96.53 | 87.31 |
| 其他企业 | 75.00 | 321.58 | 298.10 |
| 总　计 | 278.52 | 504.65 | 482.91 |

注：由于国有独资企业、私营独资企业、外资独资企业、外资控股的合资企业、国有控股的合资企业、集体控股的合资企业、私营控股的合资企业农村就业群体的住房公积金数据缺失，未进行统计。

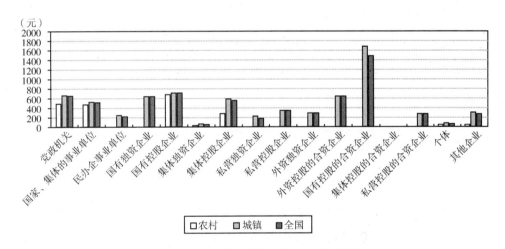

图 5 – 24　单位所有制与月平均住房公积金

表 5 – 22 和图 5 – 25 描述了我国不同工作单位所有制就业群体的平均晋升次数。国有控股的合资企业就业人员的平均晋升次数最多，为 2.80 次；其次依次为外资控股的合资企业 2.33 次，国家、集体的事业单位 1.56 次，集体控股企业1.5 次，国有控股企业 1.46 次，党政机关（包括党委、政府、人大、政协、公检法、武装部队）1.44 次，国有独资企业 1.41 次，外资独资企业 1.4 次，民办企事业单位 1.29 次，私营控股的合资企业 1.24 次，私营独资企业 1.07 次，私营控股企业 0.94 次，集体独资企业 0.75 次，其他企业 0.64 次，个体 0.63 次。

农村就业人员与城镇就业人员晋升情况存在一定的差异。根据已有研究发现①，不同产权制度下，企业职工的劳动积极性和工作满意度存在较大的差异，其中影响职工满意度的最大原因之一是企业的晋升制度。建立完善的职业晋升制度有利于提高职业的劳动积极性。

表 5 -22　　　　　　　　　　　　单位所有制与晋升次数

| 工作单位所有制 | 农村 | 城镇 | 全国 |
| --- | --- | --- | --- |
| 党政机关 | 1.13 | 1.48 | 1.44 |
| 国家、集体的事业单位 | 1.64 | 1.55 | 1.56 |
| 民办企事业单位 | 0.25 | 1.38 | 1.29 |
| 国有独资企业 | 3.00 | 1.38 | 1.41 |
| 国有控股企业 | 3.50 | 1.42 | 1.46 |
| 集体独资企业 | 0.50 | 0.83 | 0.75 |
| 集体控股企业 | 2.50 | 1.41 | 1.50 |
| 私营独资企业 | 0.67 | 1.12 | 1.07 |
| 私营控股企业 | 0.75 | 0.95 | 0.94 |
| 外资独资企业 | | 1.40 | 1.40 |
| 外资控股的合资企业 | | 2.33 | 2.33 |
| 国有控股的合资企业 | | 3.50 | 2.80 |
| 集体控股的合资企业 | | 2.21 | 1.06 |
| 私营控股的合资企业 | | 1.24 | 1.24 |
| 个 体 | 0.69 | 0.64 | 0.63 |
| 其他企业 | 0 | 0.70 | 0.64 |
| 总 计 | 1.20 | 1.34 | 1.33 |

表 5 -23 和图 5 -26 描述了我国不同学历水平就业群体的平均晋升次数。博士学历的就业群体平均晋升次数最多，为 2.38 次，其次为硕士 1.84 次，大学本科 1.56 次，大专 1.22 次，中专 0.97 次，职高/技校 0.72 次，高中 0.68 次，初中 0.45 次，小学 0.38 次。在农村就业群体中，博士学历的就业人员晋升次数最高，为 2.32 次，其次为硕士 1.79 次。城镇就业群体中，博士学历就业人员晋升次数最高，为 2.57 次，其次为硕士 1.90 次，大学本科 1.56 次。由此可以发现，教育水平与晋升的次数存在明显的正相关关系，教育水平越高，晋升的次数也越多，也就意味着更高的收入水平。

---

① 朱敏，伍晓曦，冯炼. 不同所有制企业员工积极性实证研究. 财经科学，2001（4）.

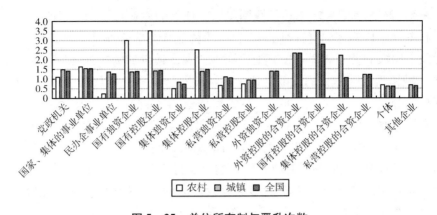

图 5-25　单位所有制与晋升次数

表 5-23　　　　　　　　　学历与晋升次数

| 学历 | 农村 | 城镇 | 全国 |
|---|---|---|---|
| 小　学 | 0.14 | 0.42 | 0.38 |
| 初　中 | 0.43 | 0.50 | 0.45 |
| 高　中 | 0.58 | 0.98 | 0.68 |
| 职高/技校 | 0.61 | 0.94 | 0.72 |
| 中　专 | 0.64 | 1.13 | 0.97 |
| 大　专 | 1.03 | 1.25 | 1.22 |
| 大学本科 | 1.55 | 1.56 | 1.56 |
| 硕　士 | 1.79 | 1.90 | 1.84 |
| 博　士 | 2.32 | 2.57 | 2.38 |
| 总　计 | 1.25 | 1.97 | 1.60 |

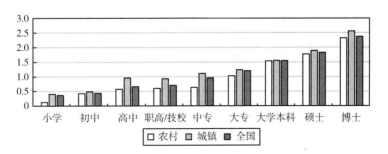

图 5-26　学历与晋升次数

表 5 - 24 和图 5 - 27 描述了我国受雇于他人的就业群体所签订的合同类型结构。其中签订长期合同（一年及以上）的就业人员人数最多，为 746 人，其次为无固定期限的合同 272 人，其他合同 117 人，最少的为短期合同（一年以下）35 人。城镇受雇于他人的就业群体中签订长期合同（一年及以上）的为 686 人，签订短期合同（一年以下）的 30 人，无固定期限合同的 250 人，其他合同的 98 人。农村受雇于他人的就业群体中签订长期合同（一年及以上）的为 60 人，签订短期合同（一年以下）的 5 人，无固定期限合同的 22 人，其他合同的 19 人。根据研究发现①，合同期限对收入的影响存在行业差异，对制造业低收入者影响较大，而对非制造业高收入者的影响较大。劳动合同期限一般是通过影响人力资本投资意愿和激励员工行为两途径影响工资水平的，若要提高企业生产率，提高劳动者工资水平，延长劳动合同期限会有一定效应，这种效应在制造业中、在中低层收入者中表现更为明显。

表 5 - 24　　　　　　　　　　　合同类型结构　　　　　　　　　　　单位：人

| 就业合同类型 | 农村 | 城镇 | 全国 |
| --- | --- | --- | --- |
| 长期合同（一年及以上） | 60 | 686 | 746 |
| 短期合同（一年以下） | 5 | 30 | 35 |
| 无固定期限的合同 | 22 | 250 | 272 |
| 其　他 | 19 | 98 | 117 |
| 总　计 | 106 | 1064 | 1170 |

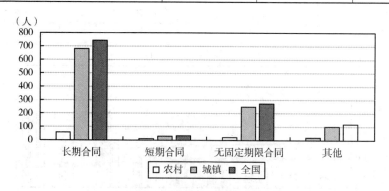

图 5 - 27　合同类型结构

---

① 李萍，谌新民，谢斌. 劳动合同期限对制造业与非制造业部门工资差异的影响——基于广东省南海区劳动力调查的数据. 中国工业经济，2014（4）。

# 五、失　业

　　如表 5 - 25 和图 5 - 28 所示，描述了我国失业人员没有工作的原因。在 2016 年中国居民收入与财富调查样本中，没有工作的人有 809 人，其中，473 人没有找到工作，74 人已经退休，34 人因健康原因没有工作，206 人因家庭原因没有工作，22 人丧失劳动能力。从中可以看出，58.47% 的人是因为没有找到工作而没有工作，25.46% 的人是因家庭原因没有找到工作。根据研究发现，造成中国当前失业的原因可能是发现较快的第二产业大都为规模收益递增的行业，创造的就业机会较少，因此，政府应当积极发展劳动密集型的第三产业，提高经济增长创造就业机会的能力。

表 5 - 25　　　　　　　　　　　　没有工作的原因　　　　　　　　　　单位：人

| 没有工作的原因 | 全国 |
| --- | --- |
| 没有找到工作 | 473 |
| 退　休 | 74 |
| 健康原因 | 34 |
| 家庭原因 | 206 |
| 丧失劳动能力 | 22 |
| 总　计 | 809 |

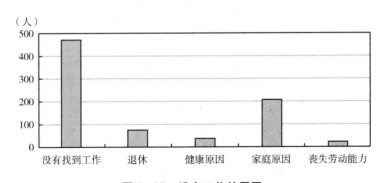

图 5 - 28　没有工作的原因

　　表 5 - 26 和图 5 - 29 描述了我国失业人群是否有过工作经历的状况。在

2016年的调查样本中，失业人群中曾经有过工作的有91人，所占比例为18.31%，其中男性46人，女性45人；曾经没有工作的有406人，所占比例为81.69%，其中男性167人，女性239人。从中可以看出，失业人群曾经没有工作的要多于曾经有过工作的，失业人群中女性要多于男性，结合图5－28没有工作的原因，失业人群中女性多于男性家庭原因可能是重要因素。

表5－26　　　　　　　　　　　　　工作经历

| 是否有过工作经历 | 男（人） | 女（人） | 总计（人） | 比例（%） |
|---|---|---|---|---|
| 有　过 | 46 | 45 | 91 | 18.31 |
| 没　有 | 167 | 239 | 406 | 81.69 |
| 总　计 | 213 | 284 | 497 | 100 |

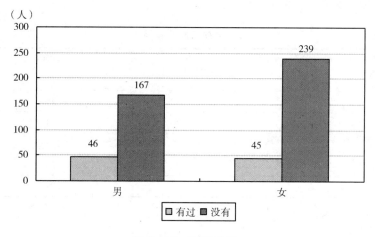

图5－29　工作经历

表5－27和图5－30描述了我国失业登记的状况。在2016年的调查样本中，进行过失业登记的有22人，所占比例为20.56%，其中男性有5人，女性有17人；没有进行过失业登记的有85人，所占比例为79.44%，其中男性有47人，女性有38人。由此可以看出大部分失业人群没有进行过失业登记，只有少部分人进行过登记失业。同时进行过失业登记的男性所占比例为22.73%，女性所占比例为77.27%；没有进行过失业登记的男性所占比例为55.29%，女性所占比例为44.71%，由此可以看出女性进行失业登记的比例大于男性。2015年，人力资源与社会保障部发文，要求各地放宽失业登记条件。根据《关于进一步完善就业失业登记管理办法的通知》，在常住地进行失业登记的非本地户籍人员，只

要符合连续居住年限和参加社会保险年限等条件，就能够与本地户籍人员一样，享受政府提供的就业政策法规咨询、职业指导、职业介绍等基本公共就业服务，以及职业培训补贴和职业技能鉴定补贴等就业扶持政策。完善失业登记制度，有利于促进政府提高公共服务水平，转变政府职能，保障和改善民生。

表 5-27　　　　　　　　　　　失业登记情况

| 是否登记失业 | 男（人） | 女（人） | 总计（人） | 比例（%） |
|---|---|---|---|---|
| 登　记 | 5 | 17 | 22 | 20.56 |
| 未登记 | 47 | 38 | 85 | 79.44 |
| 总　计 | 52 | 55 | 107 | 100 |

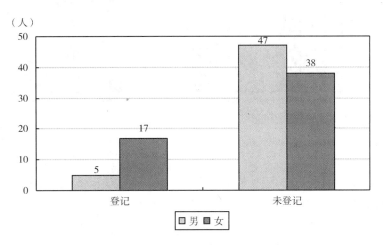

图 5-30　登记失业情况

　　表 5-28 和图 5-31 描述了未进行失业登记的原因，在 2016 年的调查样本中，不知道要去登记的有 41 人，其中男性 21 人，女性 20 人；不想去登记的有 15 人，其中男性 8 人，女性 7 人；嫌登记程序太麻烦的有 4 人，其中男性 2 人，女性 2 人；因其他原因没有登记的有 17 人，其中男性 12 人，女性 5 人。从中可以看出，没有失业登记的最主要的原因是不知道要去登记。因此，政府应该加强关于失业登记的宣传，让更多的人了解失业登记，促使失业人群进行失业登记，提高居民的保障水平。

表 5 – 28　　　　　　　　　未进行失业登记的原因　　　　　　　　单位：人

| 性别 | 不知道要去登记 | 不想去登记 | 登记程序太麻烦 | 其他 | 总计 |
|---|---|---|---|---|---|
| 男 | 21 | 8 | 2 | 12 | 43 |
| 女 | 20 | 7 | 2 | 5 | 34 |
| 总　计 | 41 | 15 | 4 | 17 | 77 |

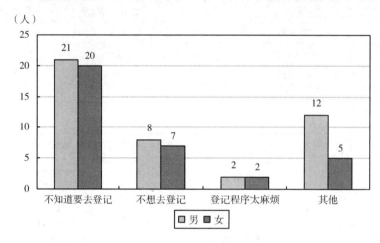

图 5 – 31　未进行失业登记的原因

　　表 5 – 29 和图 5 – 32 描述了找工作的途径。在 2016 年的调查样本中，通过人才市场招聘找工作的有 175 人，其中男性 75 人，女性 99 人；利用媒体网络找工作的有 137 人，其中男性 42 人，女性 94 人；通过熟人介绍找工作的有 116 人，其中男性 65 人，女性 51 人；通过职业中介找工作的有 4 人，其中男性 2 人，女性 2 人；通过其他方式找工作的有 40 人，其中男性 14 人，女性 26 人。从中可以看出，女性找工作的人数普遍多于男性。

表 5 – 29　　　　　　　　　　　找工作的途径

| 性别 | 人才市场招聘 | 利用媒体网络 | 熟人介绍 | 职业中介 | 其他 | 总计 |
|---|---|---|---|---|---|---|
| 男（人） | 75 | 42 | 65 | 2 | 14 | 198 |
| 女（人） | 99 | 94 | 51 | 2 | 26 | 272 |
| 总计（人） | 175 | 137 | 116 | 4 | 40 | 472 |
| 比例（％） | 37.08 | 29.03 | 24.58 | 0.85 | 8.47 | 100 |

　　从找工作的途径比重来看，有 37.08% 的人通过人才市场招聘找工作，

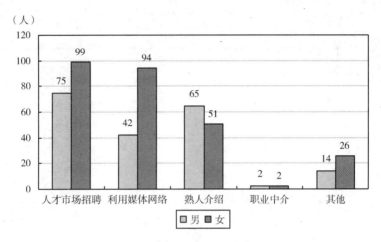

**图 5 - 32 找工作的途径**

29.03% 的人利用媒体网络找工作，24.58% 的人通过熟人介绍找工作，0.85% 的人通过职业中介找工作，8.47% 的人通过其他方式找工作。从中可以看出，通过人才市场招聘找工作的人是最多的，其次是利用媒体网络，最少的是通过职业中介找工作。"十三五"规划指出，促进就业创业，实施更加积极的就业政策是帮助失业者重新就业的政策和措施。同时，应该促进人才市场的发展，加强媒体网络的宣传，创造更多的就业机会。

表 5 - 30 和图 5 - 33 描述了我国失业人群申请就业援助的状况。失业人群中申请就业援助的有 22 人，所占比例为 4.59%，未申请的有 457 人，所占比例为 95.41%。由此可以看出，申请就业援助的人很少，绝大部分人没有申请就业援助，这反映了我国就业援助制度和政策覆盖面较小，有待进一步完善，为劳动者的再就业提供更好的保障，同时也有利于劳动力流动，提高劳动效率。另外，在申请就业援助的人中，男性 9 人，女性 13 人；未申请就业援助的人中，男性 194 人，女性 263 人，无论是申请了就业援助的人中还是未申请就业援助的人中，女性都要多于男性，这也反映了女性失业的人数高于男性。

**表 5 - 30**　　　　　　　　　　　　　申请就业援助

| 性别 | 申请 | 未申请 |
|---|---|---|
| 男（人） | 9 | 194 |
| 女（人） | 13 | 263 |
| 总计（人） | 22 | 457 |
| 比例（%） | 4.59 | 95.41 |

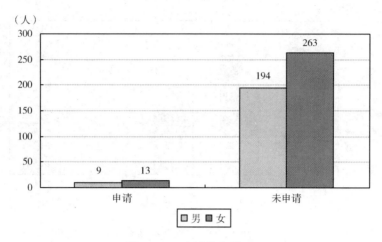

**图 5 - 33　申请就业援助**

表 5 - 31 和图 5 - 34 描述了没有申请就业援助的原因。没有申请就业援助的原因有：不知道有就业援助，感觉就业援助没有什么作用，申请就业援助程序太麻烦以及一些其他原因。在没有申请就业援助的人中，不知道有就业援助的有 174 人，其中男性 81 人，女性 93 人；感觉就业援助没有什么帮助的有 136 人，其中男性 58 人，女性 78 人；申请程序太麻烦的有 27 人，其中男性 10 人，女性 17 人；其他原因有 109 人，其中男性 41 人，女性 68 人。没有申请就业援助的原因主要是不知道有就业援助，以及感觉就业援助没有什么帮助。根据研究发现，就业援助在劳动者就业过程中起到非常重要的作用，对失业人员的培训，再教育等能够极大的提高劳动者的人力资本水平，提高就业能力。

**表 5 - 31　　　　　　　　　　没有申请援助的原因**　　　　　　　　单位：人

| 性别 | 不知道有就业援助 | 感觉没有什么帮助 | 申请程序太麻烦 | 其他 |
|---|---|---|---|---|
| 男 | 81 | 58 | 10 | 41 |
| 女 | 93 | 78 | 17 | 68 |
| 总　计 | 174 | 136 | 27 | 109 |

表 5 - 32 和图 5 - 35 描述了我国公益性就业服务的状况。在 2016 年的调查样本中，参加了职业介绍的有 102 人，未参加职业介绍的有 198 人；参加职业指导的有 91 人，未参加的有 207 人；参加就业训练的有 70 人，未参加的有 224 人；参加社区就业岗位开发服务的有 26 人，未参加的有 261 人。由此可以看出，

没有参加过公益性就业服务的要远远多于参加过就业服务的人，参加过公益性就业服务的总人数为289，未参加过公益性就业服务的总人数为890，未参加过公益性就业服务的人数是参加过公益性就业服务的3.08倍。同时可以看出，参加最多的公益性就业服务是职业介绍，最少的是社区就业岗位开发服务。

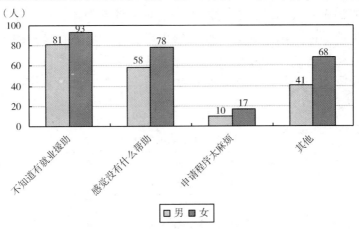

图5-34 没有申请援助的原因

表5-32 公益性就业服务 单位：人

| | 职业介绍 | 职业指导 | 就业训练 | 社区就业岗位开发服务 | 总计 |
|---|---|---|---|---|---|
| 参 加 | 102 | 91 | 70 | 26 | 289 |
| 未参加 | 198 | 207 | 224 | 261 | 890 |

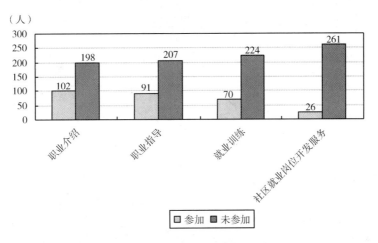

图5-35 公益性就业服务

表5-33和图5-36描述了对就业市场的看法。在2016年的调查样本中，对就业市场持乐观看法的有48人，其中男性25人，女性23人；对就业市场持一般看法的有313人，其中男性110人，女性203人；认为就业市场不理想的有122人，其中男性51人，女性71人。从中可以看出，认为就业市场一般的人是最多的，其次是认为就业市场不理想，认为就业市场乐观的人是最少的。同时认为就业市场不理想以及认为就业市场一般的女性都要多于男性，相反，认为就业市场乐观的女性要少于男性。调查结果也反映了我国当前经济增长的压力较大，整体经济活力不足，并直接影响了劳动者的就业环境。

表5-33                          对就业市场的看法                     单位：人

|  | 乐观 | 一般 | 不理想 | 总计 |
|---|---|---|---|---|
| 男 | 25 | 110 | 51 | 186 |
| 女 | 23 | 203 | 71 | 297 |
| 总　计 | 48 | 313 | 122 | 483 |

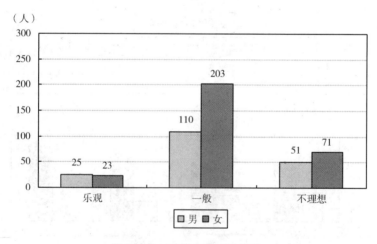

图5-36　对就业市场的看法

另外，数据调查了父辈和子女的职业关系，子女职业和父母一样的有10人，子女职业和父母不一样的有153人，由此可见93.87%的子女职业与父母不一样，只有6.13%的子女职业与父母一样，子女工作与自身工作没有太大联系。由此可以发现，我国职业就业代际传递程度不高，父辈和子女的职业之间的相关性较低①。

# 六、本章小结

2016 年中国居民收入与财富调查涵盖了对居民就业情况的调查，本章从就业状况、农业生产者的状况、个体或私人经营的状况、受雇于他人的状况、失业的状况五个方面反映中国居民的就业情况。

从就业的分布状况看，从事农业工作的就业群体所占比例为 5.95%，经营个体或私营企业为 14.81%，受雇于他人或单位的为 71.58%，零、散工为 4.23%，自由职业者为 3.83%。

从就业结构上看，农村和城镇的就业群体有很大差别，农村就业群体的主要就业方式为农业工作和受雇于他人，城镇就业群体最主要的就业方式是受雇于他人，零、散工和自由职业者所占比例较小。

从就业人口的年龄结构上看，农村的平均年龄大于城镇，年龄差距在农业工作者中表现得最为明显。

从受教育水平上看，城镇就业人员相比农村的受教育水平较高，城镇与农村就业人员的受教育水平在从事农业工作的人员中差距最大，在从事自由职业的人员中差距最小。受雇于他人的平均受教育年限最高，零、散工平均受教育年限最低。

从就业人员的月收入情况上看，2016 年全国就业人员平均工作月收入为 5430.02 元，城镇就业人员平均工作月收入为 5768.32 元，农村就业人员平均工作月收入为 3936.09 元。不同职业、性别和学历的就业群体的平均月收入均存在一定的差异。

---

① 根据已有研究结果发现，我国父辈和子女之间的职业存在较高的相关性。此处相关性较低的原因一方面是初次调查，样本量较小，可能有偏，另外也可能该问题为问卷直接询问完全一样的职业关系，导致偏误的出现。

# 第六章

# 居民幸福感

幸福是人类生存和发展的永恒追求，也是经济发展和公共政策的终极目标。随着幸福指数时代的来临，越来越多的国家在制定经济政治政策时，不再把GDP的增长当做唯一目标，更多地考虑居民的主观感受，并用主观幸福感来指导经济政策。20世纪50年代学术界提出"主观幸福感"的概念，即个体依据自定的标准对其生活质量所做的情感性和认知性的整体评价。在这种意义上，决定人们是否幸福的并不是实际发生了什么，关键是人们对所发生的事情在情绪上做怎样的解释，在认知上做怎样的加工。主观幸福感作为一种主观的、整体的概念，日益受到重视，用来评估相当长一段时期的情感反应和生活满意度。

习总书记也指出，我们的人民热爱生活，期盼有更好的教育、更稳定的工作、更满意的收入、更可靠的社会保障、更高水平的医疗卫生服务、更舒适的居住条件、更优美的环境，期盼孩子们能成长得更好、工作得更好、生活得更好。人民对美好生活的向往，就是我们的奋斗目标。① 将实现"中国梦"视为实现人民幸福，可见幸福感的重要性非常高。本章正是从居民整体幸福感及其影响因素进行了数据分析。

## 一、整体幸福水平

在中国收入与财富问卷中，衡量居民幸福感的问题是"总的来说，您认为您的生活是否幸福？"1. 很不幸福；2. 比较不幸福；3. 居于幸福与不幸福之间；4. 比较幸福；5. 非常幸福。共设计了5个选项，要求被调查者从其中选择一

---

① 2012年11月15日，习近平在党的十八届一中全会后，媒体见面会上的讲话。

项。数字越大，表明居民的幸福水平越高。因为幸福感主要是主观心理感受，是人们对其生活质量所做的情感性和认知性的整体评价，决定人们是否幸福的并不是实际发生了什么，关键是人们对所发生的事情在情绪上做出何种解释，在认知上进行怎样的加工。因此采用了主观评价的方式来衡量样本的幸福水平。

此次问卷调查，共收集到有效的个人信息样本量为2475人，删除空白问卷中的样本，共得到关于幸福感方面的有效信息量为2335人。如图6-1所示，在全样本水平上，选择很不幸福的样本占比为0.5%，选择比较不幸福的样本占比为5.6%，选择居于幸福与不幸福之间的样本占比为22.7%，选择比较幸福的样本占比为59.7%，选择非常幸福的样本占比为11.5%。调查样本的幸福水平集中在比较幸福选项，且比较幸福和非常幸福占比为71.2%，说明整体来看，我国居民幸福水平较高。

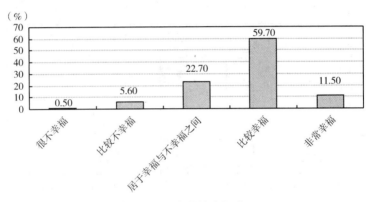

图6-1 社会整体幸福水平

# 二、影响居民幸福感的因素分析

## （一）社会公平度对幸福感的影响

在中国收入与财富问卷中，设计了这样一个问题"总的来说，您认为当今的社会是不是公平的?"来衡量社会公平度。共包括5个选项：1. 完全不公平；2. 不太公平；3. 一般；4. 比较公平；5. 完全公平。数字越大代表居民对社会公平认可度更高。

如表6-1和图6-2所示，将调查样本中对社会公平感知度的数据与幸福感的数据结合起来，得到有效数据 2305 个，其中选择完全不公平的人数占比为 3.6%，选择不太公平的占比为 34.79%，选择一般的占比为 39.78%，选择比较公平的占比为 21.56%，选择完全公平的占比为 0.26%。可以看出，多数人选择了不太公平和一般，也就是认为社会公平度偏低。而认为社会比较公平和完全公平的合计为 21.82%，远小于 50%。从整体来看，大多数人对社会的公平度不满意，认为社会不是很公平。

表 6 - 1　　　　　　　　　　　　　对公平的感知程度

|  | 完全不公平 | 不太公平 | 一般 | 比较公平 | 完全公平 | 合计 |
|---|---|---|---|---|---|---|
| 人数（人） | 83 | 802 | 917 | 497 | 6 | 2305 |
| 比例（%） | 3.60 | 34.79 | 39.78 | 21.56 | 0.26 | 100.00 |

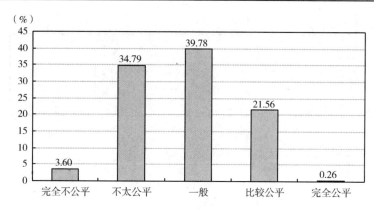

图 6 - 2　不同公平感知程度人数占比

由图 6 - 3 可以清楚地看出，幸福感随居民对社会公平感知的变化而变化的趋势，随着居民对社会公平度认可的加深，其幸福感逐级提高，认为社会完全不公平的居民幸福感最低，认为社会完全公平的居民幸福感最高。而图 6 - 3 表明，多数居民对我国社会公平认可度和满意度不高，多集中于认为不太公平和一般，说明我国居民的幸福感还有很大的提升空间，若政府制定政策促进社会公平水平的提高，那么居民的幸福感将会有一个明显的提升。

## （二）身体健康状况对幸福感的影响

在中国收入与财富问卷中，采用"与同龄人相比，您目前的健康状况"，选项包括：1. 很健康；2. 比较健康；3. 一般；4. 不健康；5. 非常不健康这样的问题

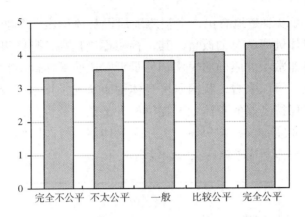

**图 6 – 3　不同社会公平度感知者幸福感比较**

来衡量居民的健康状况，数字越小，表明居民对自己的身体健康状况更满意。

如表 6 – 2 和图 6 – 4 所示，将调查样本中居民身体健康状况的数据与幸福感的数据结合起来，得到有效数据 2301 个，认为自己身体很健康者占比为 24.42%，认为自己身体比较健康者占比为 48.72%，认为自己身体一般的占比为 22.95%，认为自己身体不健康的占比为 3.61%，认为自己身体非常不健康的仅占比为 0.3%。其中认为自己身体很健康者和比较健康者占比合计为 73.14%，远超过 50%，说明我国居民的身体健康状况平均水平较高。

表 6 – 2　　　　　　　　　　不同身体状况者分布

|  | 很健康 | 比较健康 | 一般 | 不健康 | 非常不健康 | 合计 |
|---|---|---|---|---|---|---|
| 人数（人） | 562 | 1121 | 528 | 83 | 7 | 2301 |
| 比例（%） | 24.42 | 48.72 | 22.95 | 3.61 | 0.30 | 100.00 |

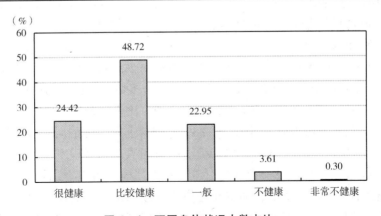

**图 6 – 4　不同身体状况人数占比**

由图 6 - 5 可以清楚地看出，幸福感随居民身体健康状况变化而变化的趋势，随着居民身体健康状况的改善，其幸福感逐级提高，身体很健康的居民幸福感最高，身体非常不健康的居民幸福感最低。说明身体健康状况对居民幸福感存在较大影响。目前来看，我国居民身体健康状况平均水平较高，对于政府而言，要为居民保持良好的身体状况提供好外部条件的保障，如加强健身的基础设施建设，建立完善的社会保障、医疗保险体制，将居民健康保持在较好水平，从而将居民整体幸福感维持在一个较高水平。

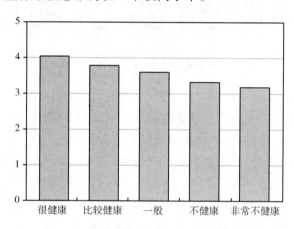

图 6 - 5　不同身体健康状况者幸福感比较

## （三）社会信任度对幸福感的影响

在中国收入与财富问卷中，衡量社会信任的问题是"总的来说，社会上绝大多数人是否可以信任"，选项包括：1. 非常不信任；2. 不信任；3. 一般；4. 信任；5. 非常信任。数字越大表明居民对社会的信任度越高。

如表 6 - 3 和图 6 - 6 所示，将调查样本中居民对社会信任程度状况的数据与幸福感的数据结合起来，得到有效数据 2299 个，大多数人对社会的信任度集中在一般选项上，占比为 57.59%，选择非常不信任的占比为 1.26%，选择不信任的占比为 7.26%。选择信任的居民占比为 32.88%，选择非常信任的居民占比为 1%，二者合计为 33.88%，小于 50%，说明我国居民对社会的信任程度有待提高。

图 6 - 7 反映了居民社会信任度对幸福感的影响，可以看出社会信任程度对居民幸福感有显著正向影响，随着社会信任程度的增加，居民幸福感得以提升。尤其是从不信任过渡到信任的时候，幸福感的提升幅度非常明显。而在我国社

会中，信任与非常信任社会的居民仅占33.88%，若这部分居民对社会信任度得到提高，会对其幸福感产生明显的正向效果，从而提升社会整体幸福水平。

表6-3　　　　　　　　　　　　社会信任度分布

|  | 非常不信任 | 不信任 | 一般 | 信任 | 非常信任 | 合计 |
|---|---|---|---|---|---|---|
| 人数（人） | 29 | 167 | 1324 | 756 | 23 | 2299 |
| 比例（%） | 1.26 | 7.26 | 57.59 | 32.88 | 1.00 | 100.00 |

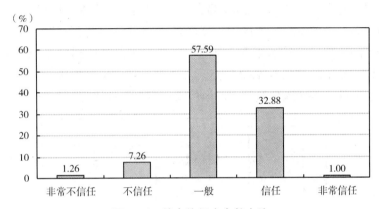

图6-6　社会信任度人数占比

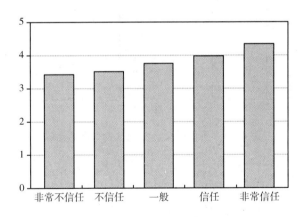

图6-7　社会信任度对幸福感的影响

## （四）社会经济地位对幸福感的影响

在中国收入与财富问卷中，衡量居民社会经济地位的问题是：与同龄人相比，您本人的社会经济地位是？与三年前相比，您的社会经济地位是？与现在相比，您预期三年后的社会经济地位是？三个问题，每个问题包含 4 个选项：1. 较高；2. 差不多；3. 较低；4. 不好说。分别反映被调查者当前、与三年前相比、与三年后相比这三种情况的社会经济地位及其变化。

如图 6 - 8 ~ 图 6 - 10 所示，可以看出，社会经济地位对居民幸福感具有重要影响，无论是当前社会经济地位，还是与三年前相比社会经济地位变化情况以及预期三年后社会经济地位的变化。如图 6 - 8 所示，居民幸福感随着社会经济地位的增高而层层递进，社会经济地位越高，幸福感越强。图 6 - 9 和图 6 - 10 反映了与三年前社会经济地位相比情况对幸福感的影响以及预期三年后社会经济地位变化对幸福感的影响，从动态来看，社会经济地位下降了的居民幸福感最低，而社会经济地位上升了的居民幸福感最高。在当前、与三年前相比、与三年后相比这三种情况下，社会经济地位差不多的居民幸福感程度的变化不大。

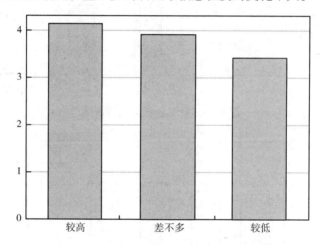

图 6 - 8　不同社会经济地位者幸福感比较

图 6 - 11 反映了当前不同社会经济地位人数占比情况，大多数居民的经济地位集中于差不多，占比 53.50%，社会经济地位较高的占比 4.45%，社会经济地位较低的占比 28.15%，远大于社会经济地位高者。而社会经济地位对居民幸福感具有显著地正向影响，且在动态上社会经济地位上升将对幸福感产生明显的提升作用，因此，对于我国居民来说，幸福感仍有很大的提升空间，若居民的社会经济地位得到提高，既满足了其物质需求，也满足了其心理需求，会显著提升其幸福感。

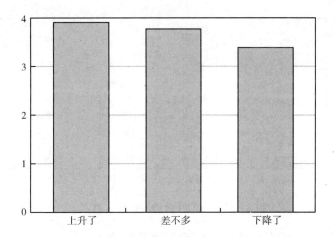

图 6 – 9　与三年前社会经济地位相比变化者幸福感比较

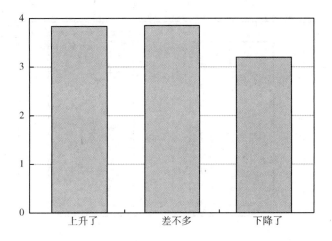

图 6 – 10　预期三年后社会经济地位变化者幸福感比较

## （五）居住地对幸福感的影响

在中国收入与财富问卷中，采用"您目前居住在？1. 农村；2. 城镇"来统计被调查者的居住地情况。

如图 6 – 12 所示，居住地对居民幸福感的影响较大，居住在城市的居民幸福感高于居住在农村的居民。原因可能在于在我国城乡差距较大，无论是城市的经济条件、环境状况，还是城市的基础设施、医疗条件、社会福利、社

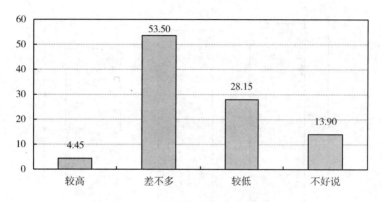

图 6-11  当前社会经济地位人数占比

会保障等政策都普遍比农村好，因而显著影响其幸福感，形成城乡不同的幸福水平。

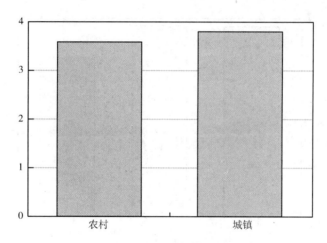

图 6-12  居住地对幸福感的影响

## （六）政治身份对幸福感的影响

在中国收入与财富问卷中，采用"您目前的政治面貌是：1. 中共党员；2. 民主党派；3. 共青团员；4. 群众"来统计被调查者的政治面貌。如表 6-4 所示，被调查者中，党员人数为 552，占比 23.90%，民主党派人数 14，占比 0.61%，共青团员人数 546，占比 23.64%，群众人数 1198，占比 51.86%。

| 表6-4 | | 不同政治身份者分布 | | |
|---|---|---|---|---|
| 政治身份 | 人数 | 比例（%） | 城镇占比（%） | 农村占比（%） |
| 中共党员 | 552 | 23.90 | 27.73 | 11.91 |
| 民主党派 | 14 | 0.61 | 0.69 | 0.36 |
| 共青团员 | 546 | 23.64 | 23.82 | 22.56 |
| 群众 | 1198 | 51.86 | 47.76 | 65.16 |
| 合计 | 2310 | 100.00 | 100.00 | 100.00 |

图6-13反映了党员身份对居民幸福感有正向的影响，党员的幸福感要高于非党员。原因可能在于，党员的身份会带来对社会体制和制度的认同感，带来心理上的归属感和荣誉感，而且还会带来收入的经济效益，从而对其幸福感形成正面影响。

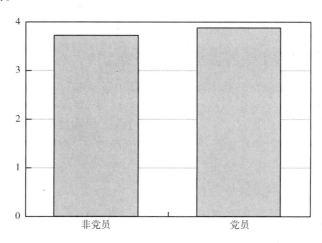

**图6-13 政治身份对幸福感的影响**

图6-14反映了城镇农村中党员身份产生的幸福效应。可以看出，党员身份对农村居民幸福感的影响要大于城镇党员的身份效应。通过分析表6-4，可以发现城镇居民中党员占比要大于农村，也就是党员在农村更稀缺，会将党员身份带来的荣誉感、满足感、归属感放大；同时我国农村依旧具有"熟人社会"的特征，一个村或者一个乡镇的居民对彼此的情况比较了解，相互之间容易进行比较，则身份效应更加明显。而且与城市不同的是，中国广大农村地区普遍推行农村村民自治制度，采取"民主选举、民主决策、民主管理、民主监督"的治理形式，在制定决策过程中，党员在其中起到十分重要的作用，从而党员

身份对农村居民幸福感的正面影响大于城镇。

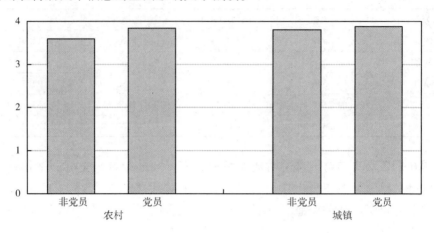

图 6 – 14　城镇农村党员幸福感比较

## （七）居民日常生活满意度对幸福感的影响

如表 6 – 5 所示，列出了居民对工作收入、工作环境、住房状况、所居住的社区、当地整体就医条件、工作、生活的不同满意程度的占比情况。总的来说，居民对这些方面的满意度都集中于一般，整体满意度不是特别高。其中比较满意与非常满意两项合计超过 50% 的只有住房状况、生活满意度。通过将居民对满意度的评价数据与幸福感相结合，可以发现工作收入、工作环境、社区、就医条件、工作的满意度对幸福感都有显著的影响，幸福感都随着满意程度的增加而提升。而工作、社区、就医条件都是与居民生活息息相关的，政府应该将其放在重要位置，积极促进就业、改善就业条件，联合社区工作人员建立更好的社区环境，完善社会保障、社会医疗等制度，改善就医条件，以此提高居民整体的满意度，从而提升社会的幸福感。

表 6 – 5　　　　　　　　　　居民各方面满意度　　　　　　　　　单位：%

| | 非常不满意 | 不太满意 | 一般 | 比较满意 | 非常满意 |
|---|---|---|---|---|---|
| 工作收入 | 5.63 | 25.54 | 38.76 | 26.10 | 3.97 |
| 工作环境 | 3.65 | 18.15 | 42.17 | 31.53 | 4.50 |

续表

|  | 非常不满意 | 不太满意 | 一般 | 比较满意 | 非常满意 |
|---|---|---|---|---|---|
| 住房状况 | 1.78 | 9.59 | 36.39 | 43.49 | 8.76 |
| 所居住的社区 | 2.01 | 9.56 | 41.59 | 40.00 | 6.83 |
| 当地整体就医条件 | 2.65 | 15.25 | 42.37 | 34.85 | 4.88 |
| 工作 | 2.80 | 15.08 | 41.88 | 35.72 | 4.52 |
| 生活满意度 | 1.21 | 7.11 | 36.04 | 45.82 | 9.82 |

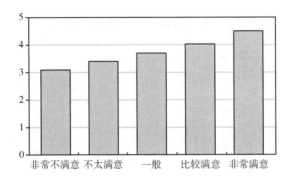

图 6-15 工作收入满意度对幸福感的影响

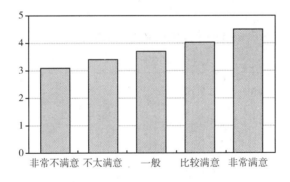

图 6-16 工作环境满意度对幸福感的影响

## （八）政府工作对居民幸福感的影响

如表 6-6 所示，列出了居民对政府各方面工作的满意度情况，包括为患者提供医疗服务、为老人提供适当的生活保障、提供优质的基础教育、捍卫国家

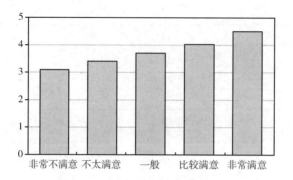

图 6 – 17　工作满意度对幸福感的影响

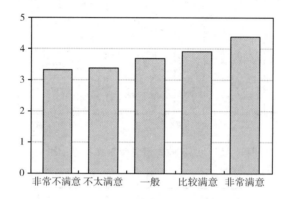

图 6 – 18　就医条件满意度对幸福感的影响

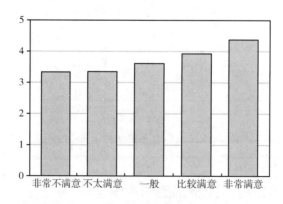

图 6 – 19　社区满意度对幸福感的影响

安全、打击犯罪、公平执法、政府部门秉公办事、环境保护、政府解决收入分配不公等多方面的评价。可以看出，我国居民对政府工作的满意度情况集中于一般，大多数居民保持中立态度，选择不满意和非常不满意的居民人数较少，大多数占比小于30%。政府工作是居民生活的重要组成部分，会影响居民生活的方方面面，因此，提高居民对政府工作的满意度，一定可以提高居民对生活整体满意度的评价，从而进一步提升我国居民幸福水平。

表6-6　　　　　　　　居民对政府工作的满意度　　　　　单位:%

|  | 非常满意 | 满意 | 一般 | 不满意 | 非常不满意 |
|---|---|---|---|---|---|
| 为患者提供医疗服务 | 2.91 | 25.57 | 57.08 | 12.33 | 2.12 |
| 为老人提供适当的生活保障 | 2.38 | 23.91 | 54.92 | 16.74 | 2.05 |
| 提供优质的基础教育 | 4.16 | 31.77 | 49.88 | 12.53 | 1.67 |
| 捍卫国家安全 | 8.72 | 42.46 | 41.58 | 5.99 | 1.26 |
| 打击犯罪 | 5.89 | 38.14 | 46.03 | 8.23 | 1.71 |
| 公平执法 | 3.34 | 24.04 | 51.76 | 16.93 | 3.93 |
| 政府部门秉公办事 | 2.68 | 21.11 | 54.52 | 16.62 | 5.07 |
| 环境保护 | 2.68 | 19.42 | 48.51 | 22.35 | 7.03 |
| 政府解决收入分配不公 | 2.18 | 15.62 | 51.09 | 23.96 | 7.19 |

# 三、本章小结

第六章是对我国居民幸福感状况的调查，包括居民总体的幸福感知，影响居民幸福感的一些因素，以及居民对生活各方面和政府工作的满意情况。

在中国收入与财富问卷中，衡量居民幸福感的问题是"总的来说，您认为您的生活是否幸福?"共设计了5个选项：1. 很不幸福；2. 比较不幸福；3. 居于幸福与不幸福之间；4. 比较幸福；5. 非常幸福。数字越大，表明居民的幸福水平越高。此次问卷调查，共收集到有效的个人信息样本量为2475人，删除空白问卷中的样本，共得到关于幸福感方面的有效信息量为2335人。其中，感觉比较幸福和非常幸福的人数占比为71.2%，整体来看，我国居民幸福水平较高。

影响居民幸福感的因素包括社会公平度、身体健康状况、社会信任度、社会经济地位、居住地、政治身份等因素。居民幸福感随其对社会公平认可的加深而逐级提高，但大多数居民对我国社会公平满意度不高，多集中于不太公平和一般，说明我国居民的幸福感还有很大的提升空间，若政府制定政策促进社会公平水平的提高，那么居民的幸福感将会有一个明显的提升。居民幸福感随着居民身体健康状况的改善而逐渐提高，因此对于政府而言，要为居民保持良好的身体状况提供好外部条件的保障，建立完善的社会保障、医疗保险体制。社会信任程度对居民幸福感有显著正向影响，随着社会信任程度的增加，居民幸福感增加，而我国社会中的整体信任程度还有待提高。社会经济地位对居民幸福感具有重要影响，横向来看，居民幸福感随着社会经济地位的增高而层层递进，社会经济地位越高，幸福感越强；纵向来看，与三年前社会经济地位相比和三年后社会经济地位相比，社会经济地位下降了的居民幸福感最低，而社会经济地位上升了的居民幸福感最高，即社会经济地位的流动性显著影响居民幸福感；我国社会中经济地位低者远多于经济地位高者，说明提升社会经济地位较低者和加大社会经济地位的流动性可以显著提高我国居民幸福感。居住地对居民幸福感的影响也较大，居住在城市的居民幸福感高于居住在农村的居民，原因可能在于在我国城乡差距较大。党员身份对居民幸福感有正向的影响，党员的幸福感要高于非党员，原因可能在于，党员的身份会带来经济收益、对社会体制和制度的认同感、心理上的归属感和荣誉感，从而对幸福感形成正面影响。而党员身份对农村居民幸福感的影响要大于城镇党员的身份效应，原因可能在于农村党员更稀缺，会将党员身份的福利效应扩大。

从居民对生活各方面和政府工作满意度来看，居民对这些方面的满意度都集中于一般，整体满意度不是特别高。通过将居民对满意度的评价数据与幸福感相结合，可以发现工作收入、工作环境、社区、就医条件、工作的满意度对幸福感都有显著的影响，幸福感都随着满意程度的增加而提升。说明政府在提高工作效率和质量的同时，还应多重视民生方面的工作，促进居民生活满意度的提高。

# 第七章

# 社会热点问题评价

　　本章是社会热点问题评价板块，社会热点问题与社会大众的生活息息相关，是居民普遍关注的主要问题。在这一章，具体包括了对"三农"问题、政府行为、腐败、公平、阶层、教育和其他社会问题的评价。本章所探讨的社会热点问题只是选取了一部分公众关注的话题进行调查，意在调查公众对这些问题的关注程度和不同收入水平的居民对这些问题的评价，同时在各个小节中也调查了居民对于提供的解决措施的态度和偏好。

　　调查"三农"问题主要是为了摸清农村具体有什么突出问题，居民认为政府应该或者需要为农村或者农民提供什么服务，了解居民在"三农"问题上的意愿以及希望得到政府什么样的帮助，为政府的决策提供一些建议。

　　调查腐败问题主要是为了了解居民对待当前社会腐败问题的态度，以及居民认为哪些腐败最为严重，并且对待这些问题偏向于哪些解决措施。调查公平问题主要是为了了解受访者认为这个社会的收入分配是否公平，以及在各种情况下如何做到收入分配公平，在面对不公平时受访者偏向于哪种解决措施。另外还涉及了社会阶层、教育等其他社会热点问题的调查。

## 一、 "三农" 问题

### （一）农村存在的突出问题

　　如图 7 - 1 所示，在参与调查的 2474 位受访者中，对农村存在的问题有很多看法，其中认为农民就业不足、收入来源少、农村贫富差距过大、农村教育存在很大问题的人最多，分别占总人数的 11.73%、9.43%、9.8%。其余各个选项分布比较均匀，认为农产品销售困难的占总人数 6.23%，农民增收问题占6.19%。其中，认为承包地纠纷繁杂的人最少，约占总人数的 2.48%，侧面反应在受访者心中农村存在的问题较多。

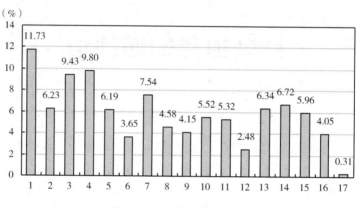

**图 7 - 1　农村存在的问题**

注：1. 农民就业不足，收入低；2. 农产品销售困难；3. 农村贫富差距过大；4. 农村教育问题；5. 农民增收问题；6. 农业生产资料费用和生资价格过高；7. 乡村环境卫生问题；8. 农业科技推广方面的困难问题；9. 社会治安问题；10. 农村基层干部素质问题；11. 农村道路交通等基础设施方面的问题；12. 承包地纠纷频繁；13. 农民的医疗健康保障问题；14. 农民的养老保障问题；15. 农民的业余文化生活缺乏问题；16. 耕地保护问题；17. 其他。

## （二）政府需要为农村提供什么

如图 7 - 2 所示，在本次调查的受访者认为，政府最应该为农村提供的是养老保险、教育培训机会和农业补贴，分别占本次调查的 12.98%、12.59%、11.81%。认为应该为农村提供医疗保险和学校教育的也不占少数，分别占总数的 10.89%、10.05%。认为应该为农村提供互联网信息平台和投资农业科技的人相对较少，占总数的 7.93%、6.72%。

## （三）政府应该为农民工提供什么

如图 7 - 3 所示，在本次问卷调查中，认为政府应该保护农民工权益的人最多，约占总人数的 20.04%，而认为应该享受跟城市居民相同的待遇的人占总人数的 11.78%，认为应该帮助农民工解决讨薪问题的占 17.4%，认为应该增加更多就业机会的占 19.46%，认为应该消除户籍限制的占 12.84%，认为应该跟城市居民享受同等的社会保障的占 18.48%。

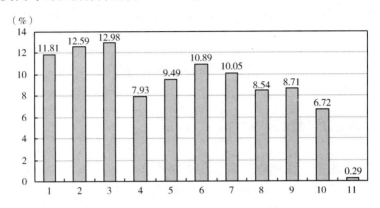

**图 7-2　政府需要为农民工提供什么**

注：1. 农村补贴；2. 教育或培训机会；3. 养老保险；4. 建立互联网等信息交流平台；5. 最低生活保障；6. 医疗保险；7. 投资农村地区的学校教育；8. 道路等基础设施建设；9. 就业机会；10. 投资农业科技；11. 其他。

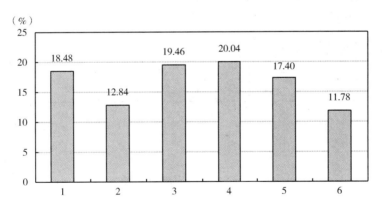

**图 7-3　政府应该为农民工提供什么**

注：1. 享受与城市居民同等的社会保障；2. 消除户籍限制；3. 更多的就业机会；4. 保护农民工权益；5. 帮助农民工解决讨薪问题；6. 享受城市居民相同的待遇。

## （四）对拖欠农民工工资的看法以及解决措施

受访者对这一问题的看法，分歧比较大。认为应该加强宣传，让企业受舆论监督的受访者占总数的 17.32%；认为应该强制雇主与农民工签订合同的人占全部人数的 17.97%；认为政府应出台制度，严格规定工资缓发的最长日期的人占 21.65%；对于拖欠工资行为，认为政府应该采取强制手段要求雇主发放工资的占 21.65%；认为应对出现的拖欠行为，政府给予严厉惩罚的人占 21.97%。

# 二、政府相关问题

## （一）政府官员权责履行情况

如图 7-4 所示，在调查对政府权责是否做到了"权为民所用，情为民所系，利为民所谋"时，1.53% 的人认为政府完全做到了，21.91% 的人认为政府大部分做到了，46.79% 的人认为政府基本做到了，25.97% 的人认为政府小部分做到了，0 人认为完全没有做到，3.8% 的人认为无法选择。

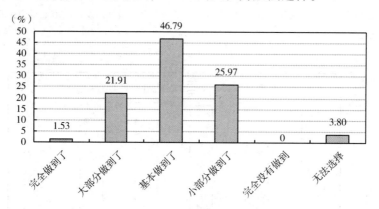

图 7-4　政府权责是否到位

## （二）对待官员逃避责任问题的态度

如图 7-5 所示，面对频频出现的社会问题（如假奶粉、食品安全），经常出现政府官员逃避责任的现象，21.84% 的人认为是政府制度不严格，对政府官员约束太小，15.61% 的人认为是官员权力太大，责任不明确，22.08% 的人认为是政府对官员管理力度不够，监管不严，16.4% 的人认为是官员自身道德、素质、作风问题，11.24%的人认为逃避责任是官场经常出现的现象，12.84%的人认为是官僚主义严重，官员受舆论压力小。

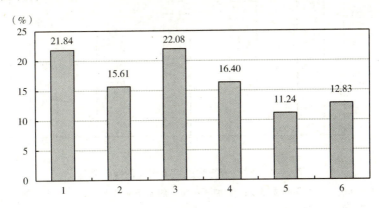

**图7-5　对待官员逃避责任问题的态度**

注：1. 政府制度不严格，对政府官员约束太小；2. 官员权力太大；3. 政府对官员管理力度不够；4. 官员自身道德、素质、作风问题；5. 逃避责任是官场经常出现的现象；6. 官僚主义严重。

## （三）对政府行政过程中出现问题的看法

如图7-6所示，对于政府行政过程中出现的问题，22.96%的人认为应该加强立法，用法律约束官员行为，22.57%的人认为应当加强制度建设，严格实行责任制，做到各负其责；20.57%的人认为应该加强对官员的管理和监督；16.84%的人认为政府应该主动接受舆论监督；17.06%的人认为应该加强官员道德、素质、作风问题的建设。

## （四）对政府的言论的看法

如表7-1所示，对于缩小贫富差距，64.71%的人同意这是政府的责任。有55.57%的人不同意政府在道义上没有责任去减少或缓和社会不平等。69.4%的人同意政府征税必须征求老百姓的意见。55.38%的人认为政府制定税收政策必须征求老百姓的意见。61.38%的人认为政府官员的工作就是为老百姓服务。46.08%的人不认同老百姓应该服从政府，44.54%的人认为只要纳了税，就有权利讨论政府怎么花钱。40.38%的人认为在哪里工作和生活是个人的自由，政府不该干涉。41.76%的人认为政府官员不太在乎像我这样的人在想些什么。

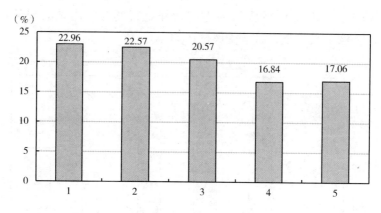

图7-6 对政府行政过程中出现问题的看法

注：1. 加强立法；2. 加强制度建设；3. 加强对官员的监督和管理；4. 政府主动接受舆论的监督；5. 加强干部的思想作风建设。

34.14%的人认为我向政府机构提出建议时，不会被有关部门采纳。超过半数的人同意大多数情况下我们可以相信政府工作人员。57.86%的人不同意大多数政治家都是在为私利玩弄政治。

表7-1　　　　　　　　　　　　对政府的看法　　　　　　　　　　　单位:%

| | 非常同意 | 同意 | 无所谓 | 不同意 | 非常不同意 | 无法选择 |
|---|---|---|---|---|---|---|
| 缩小贫富差距是政府的责任 | 17.60 | 64.71 | 8.80 | 8.46 | 0.43 | 0 |
| 政府在道义上没有责任去减少或缓和社会不平等 | 2.87 | 15.79 | 8.28 | 55.57 | 17.48 | 1.69 |
| 政府制定税收政策必须征求老百姓的意见 | 10.17 | 69.40 | 9.25 | 5.59 | 5.59 | 0.46 |
| 如果政府侵占了我个人的利益，我只能忍了 | 2.01 | 9.83 | 7.56 | 55.38 | 25.21 | 2.61 |
| 政府官员的工作是为老百姓服务 | 20.57 | 61.38 | 9.32 | 7.60 | 1.13 | 1.13 |
| 老百姓应该服从政府 | 2.45 | 27.38 | 13.18 | 46.08 | 10.91 | 10.91 |
| 只要纳了税，就有权利讨论政府怎么花钱 | 11.79 | 44.54 | 14.16 | 26.51 | 3.01 | 3.01 |
| 在哪里工作和生活是个人的自由，政府不应该干涉 | 9.28 | 40.38 | 30.41 | 18.31 | 1.63 | 3.34 |
| 如果有人在公共场所发布批评政府的言论，政府不应该干涉 | 6.01 | 28.42 | 20.61 | 41.71 | 3.25 | 5.79 |
| 政府官员不太在乎像我这样的人在想些什么 | 8.63 | 41.76 | 21.10 | 26.34 | 2.16 | 6.08 |
| 我向政府机构提出建议时，会被有关部门采纳 | 2.74 | 32.04 | 23.41 | 34.14 | 7.67 | 9.77 |

续表

| | 非常同意 | 同意 | 无所谓 | 不同意 | 非常不同意 | 无法选择 |
|---|---|---|---|---|---|---|
| 政府官员会重视我们对政府的态度和看法 | 3.28 | 39.26 | 21.00 | 29.61 | 6.86 | 7.63 |
| 大多情况下我们可以相信政府工作人员在做正确的事 | 4.29 | 60.01 | 20.19 | 12.82 | 2.69 | 4.12 |
| 大多数政治家都是在为私利玩弄政治 | 6.27 | 30.01 | 0.12 | 57.86 | 5.75 | 13.41 |

## （五）对民主的看法

如表7-2所示，在民众对政府的看法中，超过一半的人认为民主是为民做主。而对于第二个问题，41.85%的人不同意只有老百姓对国家都有直接发言权才算民主。对于第三至七个问题，都有超过60%的人选择同意。最后两个问题大部分人都选择不同意。

表7-2　　　　　　　　　对民主的看法　　　　　　　　单位:%

| | 非常同意 | 同意 | 无所谓 | 不同意 | 非常不同意 | 无法选择 |
|---|---|---|---|---|---|---|
| 民主就是政府要为民做主 | 15.57 | 56.66 | 5.79 | 17.49 | 1.87 | 2.62 |
| 只有老百姓对国家和地方的大事都有直接的发言权或决策权，才算是民主 | 6.72 | 31.98 | 11.94 | 41.84 | 4.09 | 3.42 |
| 如果老百姓有权选举自己的代表去讨论国家和地方的大事，也算是民主 | 9.42 | 69.77 | 9.76 | 7.76 | 0.67 | 2.63 |
| 每个人无论水平高低，都有同样的权利讨论国家和地方的大事 | 10.69 | 62.34 | 10.69 | 12.44 | 1.54 | 2.29 |
| 决定国家和地方上的大事，关键是看结果是否对大家有利 | 10.91 | 62.52 | 9.54 | 12.20 | 0.79 | 4.04 |
| 决定国家和地方上的大事，关键是看做出决定的方法是否合理 | 9.12 | 61.02 | 13.16 | 11.95 | 0.58 | 4.16 |
| 民主就是公民的权利得到保障 | 12.87 | 67.79 | 8.73 | 7.39 | 0.84 | 2.38 |
| 只要经济能保持稳定发展，就不必提高民主程度 | 2.67 | 13.38 | 8.00 | 54.79 | 18.71 | 2.46 |
| 我国社会民主化程度已经较高 | 3.02 | 27.56 | 15.40 | 45.75 | 8.28 | 0.00 |

# 三、腐　败

## （一）社会腐败现象是否严重

从表 7-3 可以看到大部分人认为政府官员和企业高管腐败比较严重。

| 表 7-3 | | | 对社会腐败现象的看法 | | | 单位:% |
|---|---|---|---|---|---|---|
| | 不严重 | 不太严重 | 一般 | 比较严重 | 非常严重 | 无法选择 |
| 政府官员腐败 | 0.66 | 3.36 | 24.17 | 49.54 | 20.02 | 2.24 |
| 企业高管腐败 | 0.63 | 3.43 | 35.13 | 40.48 | 14.75 | 5.60 |

## （二）腐败最突出的问题

如图 7-7 所示，在 2000 多位受访者中，调查他们对腐败现象最突出的问题的看法，认为贪污受贿是头号突出问题，有 57.26% 的人选择了这一选项；14.19% 的人认为是政府在人事工作上的不正之风；6.74% 的人认为是因为公职人员接受礼品、礼金；而 16.74% 的人认为是因为领导干部利用职权为配偶、子女经商牟利；5.06% 的人认为是公职人员的生活作风腐化堕落。

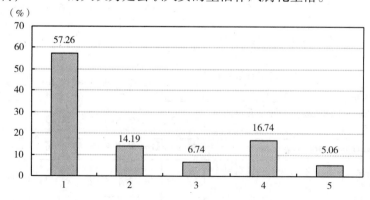

图 7-7　腐败最突出的问题

注：1. 贪污受贿；2. 人事工作上的不正之风；3. 接受礼品、礼金；4. 领导干部利用职权为配偶、子女经商牟利；5. 生活作风腐化堕落。

## （三）哪类人更容易腐败

如图 7 - 8 所示，在这一项调查中，有 27.38% 的人认为国家公职人员更容易腐败；27.21% 的人认为公司企业中掌握财政、人事、管理权力的人更容易；45.4% 的人认为只要掌握权力，不论是公权还是私权，都会腐败。

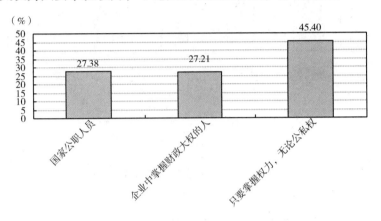

图 7 - 8 哪类人更容易腐败

## （四）社会腐败的原因

如图 7 - 9 所示，在接受调查的人中，关于社会中腐败现象的原因这个问题，37.64% 的人认为是因为权力缺乏监管；22.74% 的人认为是因为自身道德、素质、作风问题；8.98% 的人认为企业对市场竞争压力不适应；17.86% 的人认为是国有资产管理体制存在弊端；12.78% 的人认为是体制转轨时期政府权力对经济的违规介入。

## （五）解决措施

如图 7 - 10 所示，在进行调查问卷时，受访者对解决这些问题的措施也有很多不同的看法，认为应该加强干部队伍建设，提高掌权者的思想素质的人占总数的 14.51%；认为应当改革和完善制度，加大预防腐败的制度建设的人占总人数的 16.64%；认为应当加强对掌权者和权力监督的人占 15.10%；认为应该加大反腐力度，对腐败行为进行严厉惩罚的占16.67%；认为应当健全法制，规范公共行政权行使的占14.64%；认为应当改善权力分配的占总人数的11.66%；认为应当净化社会风气的占总人数的10.79%。

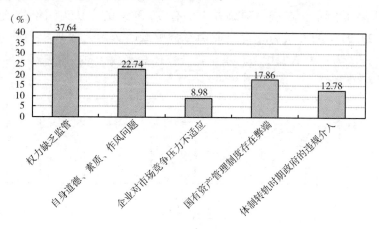

图7-9　社会腐败的原因

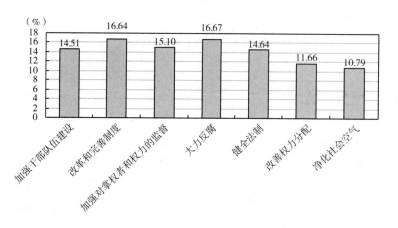

图7-10　腐败解决措施

# 四、公　平

公平一直是社会关注的热点问题，对社会稳定和经济发展有着至关重要的作用。我们主要从收入公平、税收公平、性别公平、身份公平、影响社会公平

的因素、社会公平对个人成就和事业成功的影响、公平的激励作用这几个方面
来进行分析。

## （一）收入公平

在中国居民收入与财富调查问卷中，用两个问题来衡量收入公平：（1）考
虑到您的能力和工作状况，您认为您目前的收入是否合理呢？（2）你是否同意
"现在有的人挣的钱多，有的人挣得少，但这是公平的"这一观点。

关于第一个问题，被访问者需要选择一个合理程度，一共获得2383个样
本，如图7-11所示。其中有45人认为非常合理，占比1.89%；有1491人认
为合理，占比62.57%；有790人认为不合理，占比33.15%；有57人认为非常
不合理，占比2.39%。从图中可以推断出大部分人认为目前自身的收入水平合
理，也有少部分人认为不合理，但是只有微乎其微的人认为收入特别合理或特
别不合理。

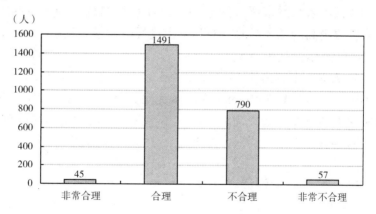

**图7-11 收入分布合理性评估**

关于第二个问题，被访问者需要选择一个同意程度，共获得2400个样本，
如图7-12所示。其中95人非常同意，占比3.96%；1315人同意，占比
54.79%；343人无所谓，占比14.29%；470人表示不同意，占比19.58%；
45人表示非常不同意，占比1.88%；132人表示无法选择，占比5.5%。从图
中可以推断出大部分人同意现在有的人挣的钱多，有的人挣得少，但这是公
平的这一观点。

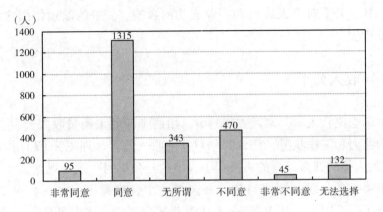

图 7-12 收入差距公平性评估

## （二）税收公平

在中国居民收入与财富调查问卷中，用你是否同意"为减少收入不平等，应该对富人征收更高的税来帮助穷人"来衡量税收公平。我们获得了 2410 个样本，如图 7-13 所示。其中 268 人非常同意，占比 1.11%；1090 人同意，占比 45.22%；444 人无所谓，占比 18.42%；495 表示不同意，占比 20.54%；19 人表示非常不同意，占比 0.79%；94 人表示无法选择，占比 3.92%。从图 8-13 中可以推断出大部分人同意"为减少收入不平等，应该对富人征收更高的税来帮助穷人"这一观点。

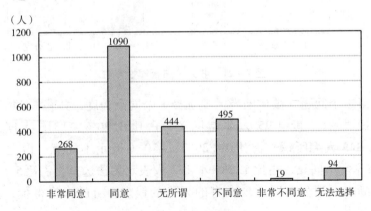

图 7-13 税收公平性评估

## （三）性别歧视

在中国居民收入与财富调查问卷中，用两个问题来衡量性别歧视：（1）你是否同意以下说法：在经济不景气的时候，应该先解雇女性员工？（2）请问，你认为女孩在社会中是否比男孩面临更大的压力？

关于第一个问题，一共获得了 2392 个样本，如图 7-14 所示。其中有 1520 人完全不同意，占比 63.55%；有 578 人比较不同意，占比 24.16%；有 200 人无所谓同意与不同意，占比 8.36%；有 59 人比较同意，占比 2.47%；35 人完全同意，占比 1.46%。从图中可以推断出大部分人认为在经济不景气的时候，不应该先解雇女性员工，但是只有微乎其微的人认为应该先解雇女员工，这说明整个社会性别歧视的现象并不严重，而且大家有男女平等的思想。

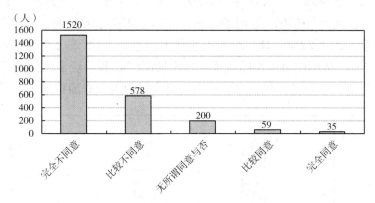

**图 7-14　解雇员工性别同意程度**

关于第二个问题，被访问者需要从选项 1 和选项 2 中进行选择，其中，1 表示是，2 表示否。我们获得了 2363 个样本，如图 7-15 所示。其中有 1630 人同意女孩比男孩面临更大的社会压力，占比 68.98%；有 733 人不同意女孩比男孩面临更大的压力，占比 31.02%。从图中可以推断出大多数人都认为女孩承受的社会压力比男孩要大。

## （四）身份歧视

在中国居民收入与财富调查问卷中，用两个问题来衡量性别歧视：（1）你

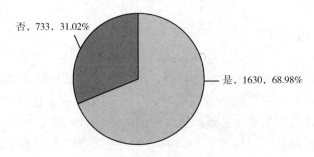

图 7 – 15　男女承受压力比例

是否同意以下说法：在我们这个社会，工人和农民的后代与其他人的后代一样，有同样多的机会成为有钱有地位的人？（2）你是否同意以下说法：应该尽量创造条件提高工人和农民的收入？

　　关于第一个问题，一共获得了 2409 个样本，如图 7 – 16 所示。其中 117 人非常同意，占比 5%；1023 人同意，占比 42%；250 人无所谓，占比 10%；764 表示不同意，占比 32%；183 人表示非常不同意，占比 8%；72 人表示无法选择，占比 3%。从图中可以推断出大部分人同意"在我们这个社会，工人和农民的后代与其他人的后代一样，有同样多的机会成为有钱有地位的人"这一观点。

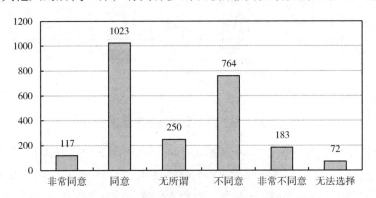

图 7 – 16　不同阶层机会相同的同意程度

　　关于第二个问题，获得了 2403 个样本，其频数分布图如图 7 – 17 所示。其中 379 人非常同意，占比 16%；1643 人同意，占比 68%；260 人无所谓，占比 11%；70 人表示不同意，占比 3%；6 人表示非常不同意；45 人表示无法选择，占比 2%。从图中可以推断出 80% 以上的被访者同意"应该尽量创造条件提高工人和农民的收入"这一观点。

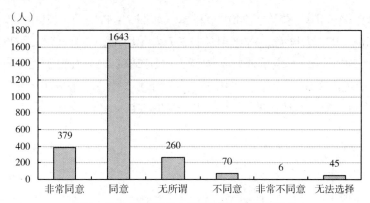

**图 7 - 17  提高低收入阶层收入的同意程度**

## （五）影响社会公平的因素

关于造成社会不平等的影响，问卷主要将其归纳为以下两个方面：个人天生的能力和少数掌权者的操控。因此问卷中主要通过以下两个方面来进行衡量：（1）你是否同意以下说法：社会不平等主要是个人天生的能力造成的？（2）你是否同意以下说法：社会不平等主要是由一小部分掌权者的控制、操纵所造成的？

关于第一个问题，获得了 2408 个样本，如图 7 - 18 所示。其中 42 人非常同意，占比 2%；368 人同意，占比 15%；281 人无所谓，占比 4%；1377 表示不同意，占比 57%；244 人表示非常不同意，占比 10%；96 人表示无法选择，占比 4%。从图中可以推断出大部分人不同意"社会不平等主要是个人天生的能力造成的"这一观点。

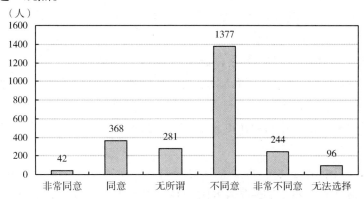

**图 7 - 18  个人能力的同意程度**

关于第二个问题，获得了 2401 个样本，如图 7 - 19 所示。其中 119 人非常同意，占比 5%；978 人同意，占比 41%；377 人无所谓，占比 15%；696 人表示不同意，占比 29%；42 人表示非常不同意，占比 2%；189 人表示无法选择，占比 8%。从图中可以发现几乎有一半被访问者不同意"社会不平等主要是由一小部分掌权者的控制、操纵所造成的"，有几乎一半的被访问者同意这一观点。

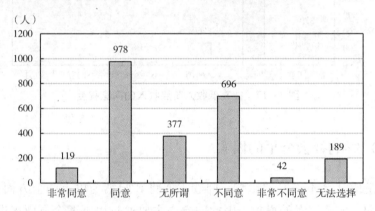

图 7 - 19　掌权者操控的同意程度

## （六）社会公平对个人成就的影响

关于个人成就的影响因素，问卷主要将其归纳为以下两个方面：个人天生的能力和少数掌权者的操控。因此问卷中主要通过以下三个方面来进行衡量：（1）你是否同意以下说法：个人的成就大部分是靠努力争取的？（2）你是否同意以下说法：个人的成就大部分是靠运气？（3）你是否同意以下说法：个人的成就大部分是靠出身？

关于第一个问题，我们获得了 2396 个样本，如图 7 - 20 所示。其中 271 人非常同意，占比 11%；1575 人同意，占比 66%；252 人无所谓，占比 10%；208 人表示不同意，占比 9%；26 人表示非常不同意，占比 1%；64 人表示无法选择，占比 3%。从图中可以推断出大部分人同意"个人的成就大部分是靠努力争取的"这一观点。

关于第二个问题，我们获得了 2402 个样本，如图 7 - 21 所示。其中 32 人非常同意，占比 1%；251 人同意，占比 11%；429 人无所谓，占比 18%；1374 人表示不同意，占比 57%；194 人表示非常不同意，占比 8%；122 人表示无法选择，占比 5% 。从图中可以推断出大部分人不同意 "个人的成就大部分是靠运气" 这一观点。

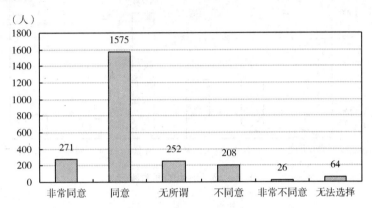

（人）

**图 7 – 20　努力争取的同意程度**

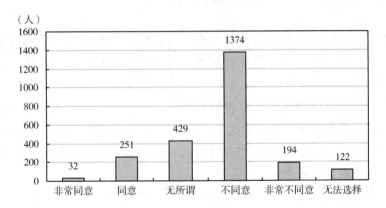

（人）

**图 7 – 21　运气的同意程度**

　　关于第三个问题，获得了 2390 个样本，如图 7 – 22 所示。其中 68 人非常同意，占比 3% ；496 人认为同意，占比 21% ；474 人无所谓，占比 20% ；1006 人表示不同意，占比 42% ；157 人表示非常不同意，占比 6% ；189 人表示无法选择，占比 8% 。从图中可以推断出大部分人不同意 "个人的成就大部分是靠出身" 这一观点。

　　从上面的分析可以看出大多数人同意影响个人成就的因素是自身的努力而不是运气或出身，这说明了目前人们的观点和社会风气还是良好的。

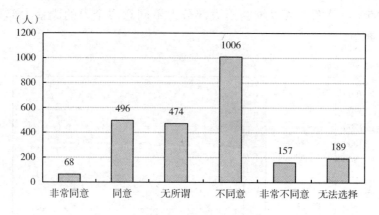

图 7 - 22　出生的同意程度

## （七）社会公平对事业成功的影响

在中国居民收入与财富调查问卷中，将影响一个人事业成功的因素总结为以下几点：家境富裕、父母教育程度高、自己受过良好教育、年龄、天资与容貌、性别、出生在好地方、个人的聪明才智、有进取心/事业心、努力工作、社会关系多、认识有权的人、政治表现和命运。对于每一个因素被调查者需要从1～6个选项中进行选择，来决定这个因素对个人获得成功的重要性如何。其中，1 表示具有决定性作用；2 表示非常重要；3 表示比较重要；4 表示不太重要；5 表示一点都不重要；6 表示无法选择。

对于家境富裕这个因素，我们获得了 2409 个样本，如图 7 - 23 所示。其中246 人认为具有决定性作用，占比 10%；670 人认为具有非常重要的作用，占比28%；1156 人认为具有比较重要的作用，占比 48%；285 人认为具有不太重要的作用，占比 12%；10 人认为一点都不重要，占比几乎为 0；42 人认为无法选择，占比 2%。从图中可以推断大多数人认为家境富裕对个人事业成功有比较大的影响。

对于父母教育程度高这个因素，我们获得了 2406 个样本，如图 7 - 24 所示。其中 180 人认为具有决定性作用，占比 7%；861 人认为具有非常重要的作用，占比 36%；1135 人认为具有比较重要的作用，占比 47%；187 人认为具有不太重要的作用，占比 8%；6 人认为一点都不重要，占比几乎为 0；37 人认为无法选择，占比 2%。从图中可以推断大多数人认为父母教育对个人事业成功有比较大的影响。

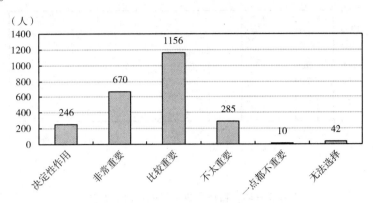

**图 7 - 23　家境富裕的重要性**

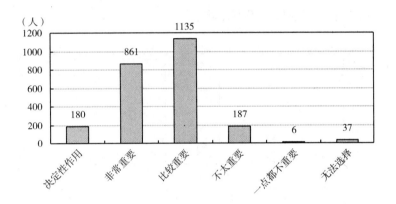

**图 7 - 24　父母教育程度高的重要性**

对于自己受过良好教育这个因素，我们获得了 2407 个样本，如图 7 - 25 所示。其中 465 人认为具有决定性作用，占比 19%；1136 人认为具有非常重要的作用，占比 47%；731 人认为具有比较重要的作用，占比 31%；41 人认为具有不太重要的作用，占比 2%；4 人认为一点都不重要，占比几乎为 0；30 人认为无法选择，占比 1%。从图中可以推断自己受过良好教育对个人事业成功有比较大的影响。

对于年龄这个因素，我们获得了 2404 个样本，如图 7 - 26 所示。其中 75 人认为具有决定性作用，占比 3%；357 人认为具有非常重要的作用，占比 15%；923 人认为具有比较重要的作用，占比 38%；946 人认为具有不太重要的作用，占比 39%；65 人认为一点都不重要，占比 3%；38 人认为无法选择，占比 2%。

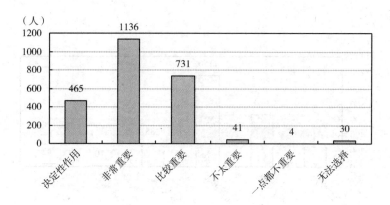

**图 7－25　自己受过良好教育的重要性**

从图中可以推断大约一半的人认为年龄对个人事业成功有比较大的影响，其余的人认为年龄对个人事业成功没有影响。

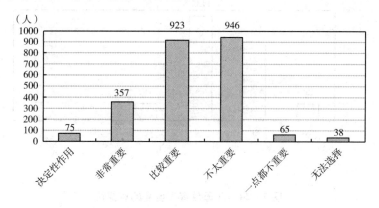

**图 7－26　年龄的重要性**

对于天资与容貌这个因素，我们获得了 2406 个样本，如图 7－27 所示。其中 91 人认为具有决定性作用，占比 2%；337 人认为具有非常重要的作用，占比 14%；1120 人认为具有比较重要的作用，占比 47%；756 人认为具有不太重要的作用，占比 31%；59 人认为一点都不重要，占比几乎为 2%；43 人认为无法选择，占比 2%。从图中可以推断受访者认为天资与容貌对个人事业成功有比较大的影响。

对于性别这个因素，我们获得了 2404 个样本，如图 7－28 所示。其中 43 人认为具有决定性作用，占比 2%；202 人认为具有非常重要的作用，占比 8%；708 人认为具有比较重要的作用，占比 30%；1209 人认为具有不太重要的作用，占比 50%；195

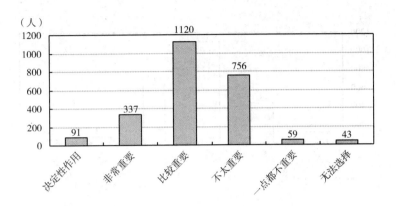

**图 7 – 27　天资与容貌的重要性**

人认为一点都不重要，占比几乎为 8%；47 人认为无法选择，占比 2%。从图中可以推断大多数人认为性别对个人事业成功并没有很大的影响。

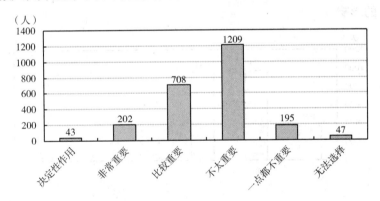

**图 7 – 28　性别的重要性**

　　对于出生在好地方这个因素，我们获得了 2409 个样本，如图 7 – 29 所示。其中 115 人认为具有决定性作用，占比 5%；431 人认为具有非常重要的作用，占比 18%；1104 人认为具有比较重要的作用，占比 46%；643 人认为具有不太重要的作用，占比 26%；73 人认为一点都不重要，占比几乎为 3%；43 人认为无法选择，占比 2%。从图中可以推断大多数人认为出生在好地方对个人事业成功有比较大的影响。

　　对于个人的聪明才智这个因素，我们获得了 2408 个样本，如图 7 – 30 所示。其中 365 人认为具有决定性作用，占比 15%；971 人认为具有非常重要的作用，占比 40%；964 人认为具有比较重要的作用，占比 40%；70 人认为具有不太重

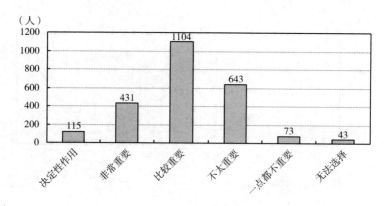

**图 7 - 29　出生在好地方的重要性**

要的作用，占比 3%；8 人认为一点都不重要，占比几乎为 1%；30 人认为无法选择，占比 2%。从图中可以推断大多数人认为个人的聪明才智对个人事业成功有比较大的影响。

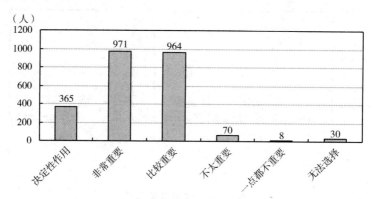

**图 7 - 30　个人的聪明才智的重要性**

　　对于有进取心/事业心这个因素，我们获得了 2414 个样本，如图 7 - 31 所示。其中 609 人认为具有决定性作用，占比 25%；1094 人认为具有非常重要的作用，占比 46%；635 人认为具有比较重要的作用，占比 26%；43 人认为具有不太重要的作用，占比 3%；5 人认为一点都不重要，占比几乎为 0；28 人认为无法选择，占比 1%。从图中可以推断大多数人认为有进取心/事业心对个人事业成功有比较大的影响。

　　对于努力工作这个因素，我们获得了 2401 个样本，如图 7 - 32 所示。其中 557 人认为具有决定性作用，占比 23%；1113 人认为具有非常重要的作用，占

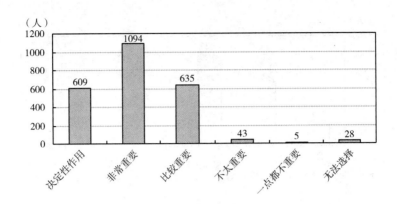

**图7-31 有进取心/事业心的重要性**

比46%；637人认为具有比较重要的作用，占比27%；55人认为具有不太重要的作用，占比2%；11人认为一点都不重要，占比几乎为1%；28人认为无法选择，占比1%。从图中可以推断大多数人认为努力工作对个人事业成功有比较大的影响。

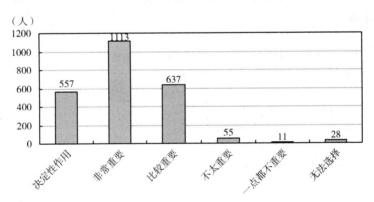

**图7-32 努力工作的重要性**

对于社会关系多这个因素，我们获得了2411个样本，如图7-33所示。其中271人认为具有决定性作用，占比11%；912人认为具有非常重要的作用，占比38%；1027人认为具有比较重要的作用，占比43%；159人认为具有不太重要的作用，占比7%；12人认为一点都不重要，占比几乎为0；30人认为无法选择，占比1%。从图中可以推断大多数人认为社会关系多对个人事业成功有比较大的影响。

对于认识有权力的人这个因素，我们获得了2409个样本，如图7-34所示。

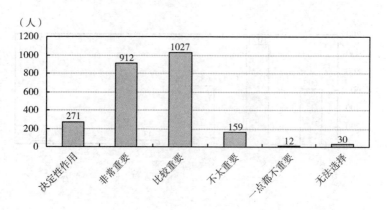

**图7-33　社会关系多的重要性**

其中199人认为具有决定性作用，占比8%；563人认为具有非常重要的作用，占比23%；1128人认为具有比较重要的作用，占比47%；429人认为具有不太重要的作用，占比18%；35人认为一点都不重要，占比2%；55人认为无法选择，占比2%。从图中可以推断大多数人认为认识有权力的人对个人事业成功有比较大的影响。

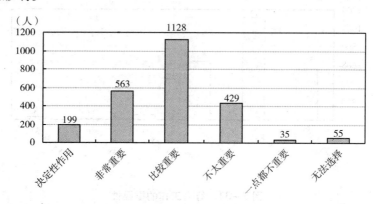

**图7-34　认识有权力的人**

对于政治表现这个因素，我们获得了2407个样本，如图7-35所示。其中137人认为具有决定性作用，占比6%；579人认为具有非常重要的作用，占比24%；1051人认为具有比较重要的作用，占比44%；521人认为具有不太重要的作用，占比21%；53人认为一点都不重要，占比2%；66人认为无法选择，占比3%。从图中可以推断大多数人认为政治表现对个人事业成功有比较大的影响。

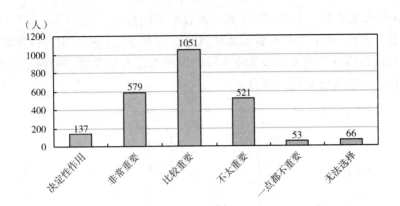

**图 7 - 35　政治表现的重要性**

对于命运这个因素，我们获得了 2403 个样本，如图 7 - 36 所示。其中 178 人认为具有决定性作用，占比 7%；384 人认为具有非常重要的作用，占比 16%；821 人认为具有比较重要的作用，占比 34%；639 人认为具有不太重要的作用，占比 27%；175 人认为一点都不重要，占比 7%；206 人认为无法选择，占比 9%。从图中可以推断大多数人认为命运对个人事业成功有比较大的影响。

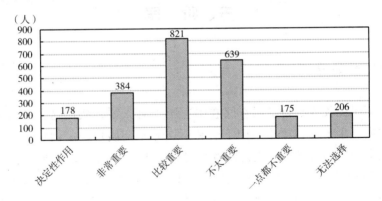

**图 7 - 36　命运的重要性**

## （八）公平的激励作用

在中国居民收入与财富调查问卷中，用"你是否同意拉开贫富差距，有利于调动人们努力工作的积极性"来衡量社会公平的积极作用。我们获得了 2400 个样本，如图 7 - 37 所示。其中 83 人非常同意，占比 4%；817 人同意，占比

34%；368人无所谓，占比15%；876人表示不同意，占比37%；125人表示非常不同意，占比5%；131人表示无法选择，占比5%。从图中可以推断出有一半的被调查者同意"为减少收入不平等，应该对富人征收更高的税来帮助穷人"这一观点，一半人反对这一观点。

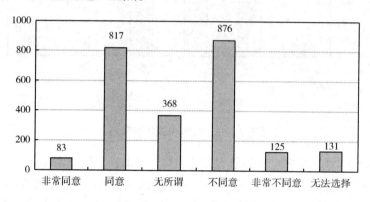

图7-37　公平的积极作用

# 五、阶　层

## （一）社会分层

在中国居民收入与财富调查问卷中，用"有人说，我们这个社会大致可以划分为上层、中上层、中层、中下层和下层等不同阶层，您同意这种说法吗？"来衡量社会分层的合理性，被访问者需要从选项1和选项2中进行选择，其中，1表示同意；2表示不同意。我们获得了2037个样本，如图8-38所示。其中有1375人同意我们这个社会大致可以划分为上层、中上层、中层、中下层和下层等不同阶层，占比68%；有662人不同意我们这个社会大致可以划分为上层、中上层、中层、中下层和下层等不同阶层，占比32%。从图中可以推断出大多数人都同意这一观点。

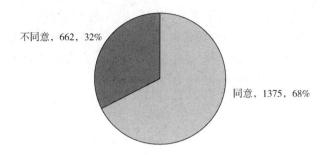

图 7-38　同意社会分层占比

## （二）不同阶层间的冲突

中国居民收入与财富调查问卷中，用以下几个方面来描述不同群体之间冲突的严重程度：穷人与富人之间的冲突、工人阶级与白领阶层（包括老板）之间的冲突、干部与群众之间的冲突、管理人员与一般工作人员之间的冲突、社会上层与社会下层之间的冲突。对于每种类型的冲突，被访问者需要从 1～5 个选项中选择一种严重程度，其中，1 表示非常严重；2 表示比较严重；3 表示不太严重；4 表示没有冲突；5 表示难以选择。

1. 穷人和富人。关于穷人与富人之间的冲突严重性，我们获得了 2416 个样本，如图 7-39 所示。其中 304 人认为非常严重，占比 13%；1251 人认为比较严重，占比 52%；742 人认为不太严重，占比 31%；34 人认为没有冲突，占比 1%；85 人认为难以选择，占比 3%。从图中可以推断大多数人认为穷人与富人之间的冲突是比较严重的。

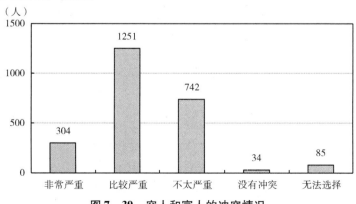

图 7-39　穷人和富人的冲突情况

2. 工人和白领。关于工人阶级与白领阶层（包括老板）之间的冲突严重性，我们获得了2403个样本，如图7-40所示。其中119人认为非常严重，占比5%；970人认为比较严重，占比40%；1178人认为不太严重，占比49%；39人认为没有冲突，占比2%；97人认为难以选择，占比4%。从图中可以推断大多数人认为工人阶级与白领阶层（包括老板）之间的冲突是不太严重的。

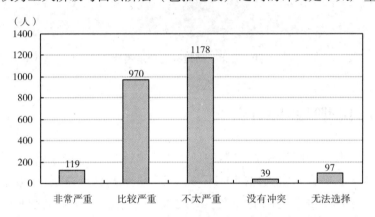

**图7-40 工人和白领的冲突情况**

3. 群众和干部。关于干部与群众之间的冲突严重性，我们获得了2408个样本，如图7-41所示。其中169人认为非常严重，占比7%；913人认为比较严重，占比38%；1179人认为不太严重，占比49%；53人认为没有冲突，占比2%；94人认为难以选择，占比4%。从图中可以推断大多数人认为干部与群众之间的冲突是不太严重的。

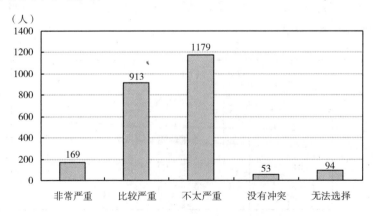

**图7-41 群众和干部的冲突情况**

4. 一般工作人员与管理人员。关于管理人员与一般工作人员之间的冲突严重性，我们获得了 2396 个样本，如图 7-42 所示。其中 80 人认为非常严重，占比 3%；671 人认为比较严重，占比 28%；1489 人认为不太严重，占比 62%；64 人认为没有冲突，占比 3%；92 人认为难以选择，占比 4%。从图中可以推断大多数人认为管理人员与一般工作人员之间的冲突是不太严重的。

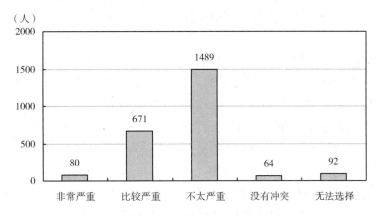

**图 7-42　一般工作人员与管理人员的冲突情况**

5. 社会下层与社会上层。关于社会上层与社会下层之间的冲突严重性，我们获得了 2390 个样本，如图 7-43 所示。其中 216 人认为非常严重，占比 9%；1025 人认为比较严重，占比 43%；975 人认为不太严重，占比 41%；49 人认为没有冲突，占比 2%；125 人认为难以选择，占比 5%。从图中可以推断大多数人认为社会上层与社会下层之间的冲突是比较严重的。

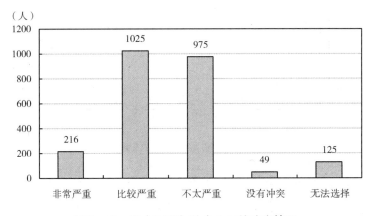

**图 7-43　社会下层与社会上层的冲突情况**

综上所述，我们可以看到穷人与富人之间的冲突以及社会上层与社会下层之间的冲突是比较严重的，而工人阶级与白领阶层（包括老板）之间的冲突、干部与群众之间的冲突以及管理人员与一般工作人员之间的冲突并没有那么严重。

## （三）影响社会经济地位的因素

中国居民收入与财富调查问卷中，在判定一个人的社会经济地位的高低时，给出了以下十个因素：收入高还是低、有产业还是没有产业、是否受过良好教育、受人尊敬还是被人看不起、有技术还是没有技术、是管理别人还是被别人管、自己当老板还是替别人打工、群众还是党员、城里人还是乡下人、国家干部还是普通老百姓，选项分别为 1~10。被访问者需要从这十个因素中选择三个影响经济地位的因素并对其进行排序。

通过对数据的分析，在各因素中排在第一位的频数分布如图 7-44 所示，一共 2340 个样本。其中收入高还是低有 1195 个样本，占比 51%；有产业还是没有产业有 126 个样本，占比 5%；是否受过良好教育有 342 个样本，占比 15%；受人尊敬还是被人看不起有 294 个样本，占比 13%；有技术还是没有技术有 62 个样本，占比 3%；是管理别人还是被别人管有 53 个样本，占比 2%；

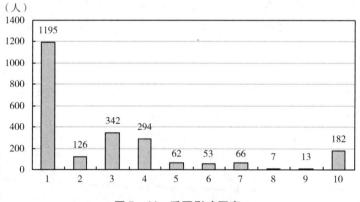

**图 7-44　重要影响因素**

注：1. 表示收入高还是低；2. 表示有产业还是没有产业；3. 表示是否受过良好教育；4. 表示受人尊敬还是被人看不起；5. 表示有技术还是没有技术；6. 表示是管理别人还是被别人管；7. 表示自己当老板还是替别人打工；8. 表示群众还是党员；9. 表示城里人还是乡下人；10. 表示国家干部还是普通老百姓。

自己当老板还是替别人打工有 66 个样本，占比 3%；群众还是党员有 7 个样本，占比约为 0；城里人还是乡下人有 13 个样本，占比约为 0；国家干部还是普通老百姓有 182 个样本，占比约为 8%。从图中可以推断大多数人认为收入高还是低是影响个人经济地位的最重要因素。

通过对数据的分析，在各因素中排在第二位的频数分布如图 7 - 45 所示，一共 2334 个样本。其中收入高还是低有 416 个样本，占比 18%；有产业还是没有产业有 349 个样本，占比 15%；是否受过良好教育有 558 个样本，占比 24%；受人尊敬还是被人看不起有 321 个样本，占比 14%；有技术还是没有技术有 176 个样本，占比 7%；是管理别人还是被别人管有 163 个样本，占比 7%；自己当老板还是替别人打工有 153 个样本，占比 7%；群众还是党员有 24 个样本，占比约为 1%；城里人还是乡下人有 32 个样本，占比约为 1%；国家干部还是普通老百姓有 142 个样本，占比约为 6%。从图中可以推断收入高还是低、有产业还是没有产业、是否受过良好教育、受人尊敬还是被人看不起这四个因素是影响个人经济地位的次要因素。

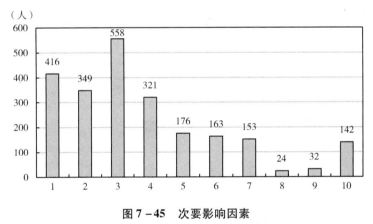

**图 7 - 45　次要影响因素**

注：1. 表示收入高还是低；2. 表示有产业还是没有产业；3. 表示是否受过良好教育；4. 表示受人尊敬还是被人看不起；5. 表示有技术还是没有技术；6. 表示是管理别人还是被别人管；7. 表示自己当老板还是替别人打工；8. 表示群众还是党员；9. 表示城里人还是乡下人；10. 表示国家干部还是普通老百姓。

通过对数据的分析，在各因素中排在第三位的频数分布如图 7 - 46 所示，一共 2325 个样本。其中收入高还是低有 334 个样本，占比 14%；有产业还是没有产业有 219 个样本，占比 10%；是否受过良好教育有 378 个样本，占比 16%；受人尊敬还是被人看不起有 333 个样本，占比 14%；有技术还是没有技术有 250 个样本，占比 11%；是管理别人还是被别人管有 256 个样本，占比 11%；自己当老板还是替别人打工有 213 个样本，占比 9%；群众还是党员有 52 个样本，占比约为 2%；城里人还是乡下人有 95 个样本，占比约为 4%；国家干部还是普通老百姓有 195 个样本，占比约为 9%。从图中可以推断在影响个人经济地位的因素中，每一个因素都对其有影响。

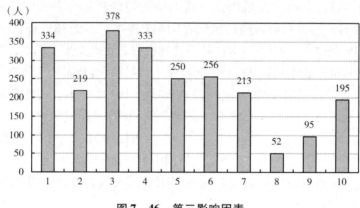

图 7－46　第三影响因素

　　注：1. 表示收入高还是低；2. 表示有产业还是没有产业；3. 表示是否受过良好教育；4. 表示受人尊敬还是被人看不起；5. 表示有技术还是没有技术；6. 表示是管理别人还是被别人管；7. 表示自己当老板还是替别人打工；8. 表示群众还是党员；9. 表示城里人还是乡下人；10. 表示国家干部还是普通老百姓。

# 六、教　育

## （一）政府对教育的投入

　　在中国居民收入与财富调查问卷中，用"在您看来，目前政府对教育的支出是否足够?"来衡量政府对教育的支出情况。我们一共获得 2389 个样本，如图 7－47 和图 7－48 所示。其中有 57 人表示非常满足，占比 2%；739 人表示能满足大部分需求，占比 31%；943 人表示基本满足，占比 40%；379 人表示能满足小部分需求，占比 16%；271 人表示不能满足，占比 11%。从图中可以推断大多数人对政府的教育支出是比较满足的。

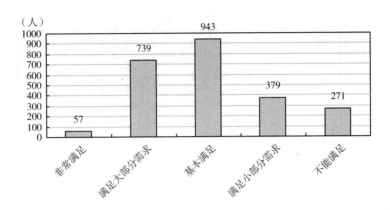

图 7 – 47　教育的支出足够性

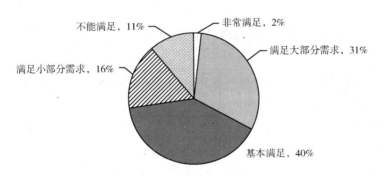

图 7 – 48　教育支出足够性占比

## （二）不同教育支出的合理分配

在中国居民收入与财富调查问卷中，用"在您看来，政府在教育哪部分的支出较少而需要增加？"衡量政府对不同教育支出的不同占比情况。我们一共有2475 个样本，如图 7 – 49 所示。其中有 820 人选择了义务教育，781 人选择了中等教育，1100 人选择了高等教育，1674 人选择了农村教育，186 人选择了城市教育。从图中可以推断大多数人认为政府应该增加对高等教育和农村教育的投入。

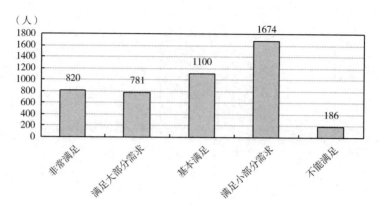

图7-49　教育支出合理分配

# （三）我国教育存在的问题

在中国居民收入与财富调查问卷中，用"在您看来，我国教育中存在哪些问题？"衡量我国教育中出现的问题。我们一共有2475个样本，如图7-50所示。其中有1067人选择了变相收费问题，1732人选择了城乡教育差别大，1372人选择了应试教育弊端大，1081人选择了脱离实践，枯燥无味，晦涩难懂，715人选择了高校学费过高，1167人选择了高校一味扩招带来就业问题。从图中可以推断大多数人认为教育普遍存在以上几种问题。

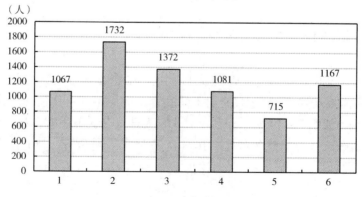

图7-50　教育问题

注：1. 表示变相收费问题；2. 表示城乡教育差别大，农村教育水平低；3. 表示应试教育弊端大；4. 表示脱离实践，枯燥无味，晦涩难懂；5. 表示高校学费过高；6. 表示高校一味扩招带来就业问题。

# 七、其他社会问题

## （一）食品安全

在中国居民收入与财富调查问卷中，用"面对经常出现的食品安全问题，您认为应该怎么办？"衡量食品安全问题的应对措施。我们一共有2475个样本，如图7-51所示。其中有1953人选择了完善法律法规，加强法律约束，1866人选择了加大对企业行为的管理和监督，1965人选择了对违法违规企业给予严厉的惩罚，1772人选择了完善食品质量检查机构的建设和相关责任安排，1280人选择了加强企业道德、素质、作风问题的建设。从图中可以推断大多数人认为这几项措施都能应对食品安全问题。

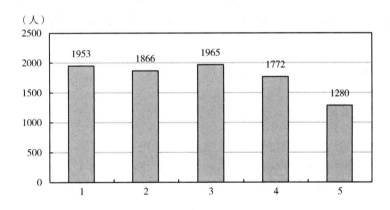

**图7-51　食品安全应对措施**

注：1. 表示完善法律法规，加强法律约束；2. 表示加大对企业行为的管理和监督；3. 表示对违法违规企业给予严厉的惩罚；4. 表示完善食品质量检查机构的建设和相关责任安排；5. 表示加强企业道德、素质、作风问题的建设。

## （二）大学生就业

1. 大学生就业难的原因。在中国居民收入与财富调查问卷中，用"面对大学生就业困难，您认为原因是什么？"衡量大学生就业难的原因。我们一共有 2475 个样本，如图 7 - 52 所示。其中有 1716 人选择了高校扩招，大学生数量激增，1672 人选择了大学生就业态度存在问题，择业要求高，都期望轻松高薪的工作，1528 人选择了大学毕业生对自身能力了解不足，1579 人选择了应试教育引起大学毕业生不适应社会需求，1071 人选择了经济发展缓慢引起岗位需求不足。从图中可以推断大多数人认为这几个方面均会造成大学生就业困难。

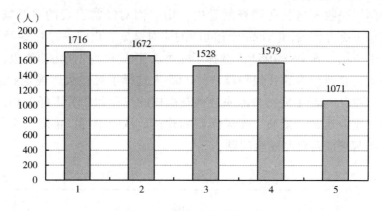

**图 7 -52　大学生就业难原因**

注：1. 表示高校扩招，大学生数量激增；2. 表示大学生就业态度存在问题，择业要求高，都期望轻松高薪的工作；3. 表示大学毕业生对自身能力了解不足；4. 表示应试教育引起大学毕业生不适应社会需求；5. 表示经济发展缓慢引起岗位需求不足。

2. 解决大学生就业难的措施。在中国居民收入与财富调查问卷中，用"面对大学生就业困难，您认为应该怎么做？"衡量应对就业难这一问题的措施。我们一共有 2475 个样本，如图 7 - 53 所示。其中有 1851 人选择了调研就业形势，合理进行就业指导，1378 人选择了网罗校友资源，多渠道解决毕业生就业问题，1724 人选择了加大就业扶持力度，创新就业招聘形式，1579 人选择了鼓励大学生自主创业，1337 人选择了大学生要转变思想，先就业再择业。从图中可以推断大多数人认为以上措施都可以用来应对大学生就业难的问题。

## （三）房价

在中国居民收入与财富调查问卷中，用"对于我国房价过高现象，您认为主要原因是什么？"衡量我国房价过高的原因。我们一共有 2475 个样本，如图

7-54 所示。其中有 1837 人选择了存在炒房现象，1342 人选择了"土地财政"问题，政府推高房价，1792 人选择了房地产产业过热，存在泡沫经济现象，1546 人选择了房地产行业存在垄断和暴利现象。从图中可以推断大多数人认为以上原因都会造成我国房价过高。

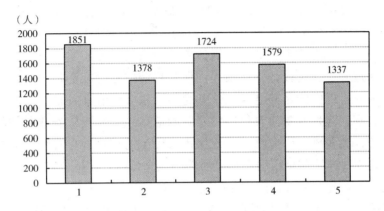

**图 7-53　大学生就业难措施**

注：1. 表示调研就业形势，合理进行就业指导；2. 表示网罗校友资源，多渠道解决毕业生就业问题；3. 表示加大就业扶持力度，创新就业招聘形式；4. 表示鼓励大学生自主创业；5. 表示大学生要转变思想，先就业再择业。

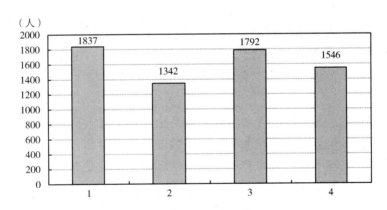

**图 7-54　房价过高原因**

注：1. 表示存在炒房现象；2. 表示土地财政问题，政府推高房价；3. 表示房地产产业过热，存在泡沫经济现象；4. 表示房地产行业存在垄断和暴利现象。

# 八、本章小结

问卷的第九部分是社会热点问题评价板块，具体包括了对"三农"问题、政府行为、腐败、公平、阶层、教育和其他社会问题的评价。

在"三农"问题方面，大多数受访者认为农民就业不足、收入来源少、农村贫富差距过大、农村教育存在很大问题是目前农村存在的最突出的问题。政府最需要为农村提供的是养老保险、教育培训机会和农业补贴，其次是医疗保险和学校教育，认为需要为农村提供互联网信息平台和投资农业科技的人相对较少。另外，大多数人认为政府应该保护农民工的权益，为农民增加更多就业机会，使得农村居民与城市居民享受同等的社会保障。在拖欠农民工工资方面，受访者对解决该问题的五种措施支持程度基本一致。

在政府行为方面，大多数受访者认为政府做到了"权为民所用，情为民所系，利为民所谋"。在对待官员逃避责任问题的态度方面，大多数受访者认为政府制度不严格和官员权力太大，责任不明确是造成这一问题的主要原因。为了解决政府行政中出现的问题，受访者认为应该主要从以下三个方面解决：加强立法，用法律约束官员行为；加强制度建设，严格实行责任制，做到各负其责；加强对官员的管理和监督。另外，问卷还考察了民众对于政府其他行为和民主的认同程度。前者包括了对缩小贫富差距、缓和社会不平等、言论自由等十四个问题的看法，后者包括了政府要为民做主、我国民主程度等九个问题。

在腐败方面，主要包括社会腐败现象是否严重、腐败最突出的问题、哪类人更容易腐败、社会腐败的原因和解决腐败的措施。大部分人认为政府官员和企业高管腐败比较严重。大约有一半的受访者认为贪污受贿是腐败最突出的问题，也有部分受访者认为领导干部利用职权为亲属经商牟利、政府在人事工作上的不正之风、公职人员接受礼品等也属于腐败。另外，大多数受访者认为只要掌握权力，不论是公权还是私权，都会腐败。关于社会中的腐败现象，多数受访者认为权力缺乏监管和自身道德、素质、作风问题是最主要的原因。受访者对解决这些问题的七种措施认同程度基本一致。

公平一直是社会关注的热点问题，问卷主要从收入公平、税收公平、性别公平、身份公平、影响社会公平的因素、社会公平对个人成就和事业成功的影响、公平的激励作用这几个方面来进行分析。大多数受访者认为我国目前收入分配是公平的并承认收入存在差距是合理的。大部分人同意"为减少收入不平等，应该对富人征收更高的税来帮助穷人"这一观点。大部分人认为在经济不景气的时候，不应该先解雇女性员工，只有微乎其微的人认为应该先解雇女员工，这说明整个社会大家性别歧视的现象并不严重，而且大家有男女平等的思想，另外，大多数人都认为女孩承受的社会压力比男孩要大。大部分人同意"在我们这个社会，工人和农民的后代与其他人的后代一样，有同样多的机会成为有钱有地位的人"和"应该尽量创造条件提高工人和农民的收入"等观点。大部分人不同意"社会不平等主要是个人天生的能力造成的"这一观点，几乎有一半被访问者不同意"社会不平等主要是由一小部分掌权者的控制、操纵所造成的"，同时也有几乎一半的被访问者同意这一观点。大部分人同意个人的成就大部分是靠努力争取的，而不是靠运气或出身，这说明了目前人们的观点和社会风气还是比较良好的。大多数人认为家境富裕、父母教育程度高、自己受过良好教育、天资与容貌、出生在好地方、个人的聪明才智、有进取心/事业心、努力工作、社会关系多、认识有权的人、政治表现和命运对个人事业成功均有比较大的影响，年龄和性别的影响相对较小。另外，有一半的被调查者同意"为减少收入不平等，应该对富人征收更高的税来帮助穷人"这一观点，但也有一半人反对这一观点。

在阶层方面主要考察了公众对社会分层、不同阶层间的冲突、影响社会经济地位的因素的看法。大多数人同意"我们这个社会大致可以划分为上层、中上层、中层、中下层和下层等不同阶层"这一说法。大多数人认为穷人与富人之间的冲突以及社会上层与社会下层之间的冲突是比较严重的，而工人阶级与白领阶层（包括老板）之间的冲突、干部与群众之间的冲突以及管理人员与一般工作人员之间的冲突并没有那么严重。大多数人认为收入高还是低是影响个人经济地位的最重要因素，有产业还是没有产业、是否受过良好教育、受人尊敬还是被人看不起是影响个人经济地位的次要因素，其他6个因素对个人经济地位也有一定的影响。

在教育方面，主要考察了政府对教育的投入、不同教育支出的合理分配、我国教育存在的问题等三个方面的内容。大多数人对政府的教育支出比较满足，认为政府应该增加对高等教育和农村教育的投入。对我国教育存在的6种问题，大多数受访者认为目前普遍存在。

其他社会问题主要是食品安全问题、大学生就业问题和房价问题。关于应对食品安全问题的措施，大多数认为问卷给出的五种解决方法可以应对食品安全问题。在探讨大学生就业难的原因和解决措施时，大多数人认为问卷中给出的五种原因和解决方法均会造成大学生就业困难和解决问题。在探讨我国房价过高的原因时，存在炒房现象、土地财政问题、房地产产业过热存在泡沫经济现象、房地产行业存在垄断和暴利现象这四个原因都得到了受访者的支持。

# 后　　记

　　《中国居民收入与财富调查报告》（2016 年）从调查问卷的设计、调查人员培训、实地调研到最终调查报告的形成历时一年有余。该报告比较全面、客观地反映了当前我国居民收入与财富现状，是中南财经政法大学中国收入分配研究中心收入分配相关研究的重要成果之一。

　　《中国居民收入与财富调查报告》（2016 年）由中南财经政法大学校长、中国收入分配研究中心主任杨灿明教授主导，是中南财经政法大学和中南财经政法大学财政税务学院双一流建设的重要组成部分。中南财经政法大学一直秉承着"博文明理，厚德济世"的大学精神，以其深厚的财政行业背景、独特的财政学科优势和出色的行业影响力，为我国经济改革与发展贡献着自己的力量。中南财经政法大学中国收入分配研究中心成立近六载，结合学校所拥有的湖北省级重点学科和省级人文社科重点研究基地的优势和特色，积聚了各学院的优秀人才，已经构建起一支专门从事收入分配研究的学术创新团队。该项调查研究得到了中南财经政法大学从资金、人力等多方面的支持和帮助，在此表示最衷心的感谢！

　　该报告涵盖了家庭禀赋特征、家庭收入分析、家庭财富、家庭消费、就业、居民幸福感、社会热点问题评价七个部分的内容。该报告的形成与以下各位老师的辛苦努力密不可分，杨灿明教授负责整个调查报告基本框架的确定，赵颖老师负责第一章家庭禀赋特征，孙群力教授负责第二章家庭收入，魏福成副教授和詹新宇副教授负责第三章家庭财富，金荣学教授负责第四章家庭消费，亓寿伟副教授负责第五章就业，鲁元平副教授负责第六章居民幸福感和第七章社会热点问题评价。

　　中国居民收入与财富研究是一项规模浩大的工程，虽皓首穷经，也难尽善其事，敬请各位专家学者批评指正！

中南财经政法大学中国收入分配研究中心

2017 年 1 月 10 日